不得了！超有料的體育課

數學篇

運動數字真有趣

企劃、文　小木馬編輯部
圖　傅兆祺

小·木馬

編者的話

讓愛閱讀的小朋友，開始享受運動的好處

陳怡璇　小木馬出版總編輯

　　《不得了！超有料的體育課》是小木馬編輯團隊歷經一年的企劃製作，趁著四年一度2024巴黎奧運年送給小讀者的系列作。來到這堂超有料的體育課，不僅僅活動筋骨、揮灑汗水，還將帶給孩子與運動及體育賽事相關，涵蓋科學、地理歷史，以及數學等面向的有趣知識，是以體育為出發的跨領域文本。

　　從前從前，曾經有好長的時光，我們的學習和成長擁抱著「萬般皆下品，唯有讀書高」的社會氣氛，然而現在的我們已經知道並非如此，我們也都開始明白，運動對大人小孩所帶來的好處，不僅僅是強健體魄與體力。對小小孩，運動可以協助訓練小肌肉、手眼協調能力、追視能力；對學齡兒童來說，運動是生活的平衡、同儕相處、團隊合作等的練習，也是身心放鬆和放電的好選擇；孩子大一點，若仍能持續堅

毅執著的在體育場上投入與付出，許多家長和大環境也願意栽培孩子，往成為體育選手或相關產業發展的可能。

　　隨著媒體的多樣發達，無論在台灣或是世界各地，許多體育賽事也已成為家人朋友相聚的焦點，許多體育選手是我們搖旗吶喊的對象，是孩子心中的偶像典範。

　　和體育相關的可不僅僅只有賽事和體能、技巧等的展現。如果我們用數學腦看體育、用科技腦看賽事、用歷史風土理解體育，那麼一堂體育課將能看到更多有趣的觀點和見解，《不得了！超有料的體育課》系列書，正是希望熱愛運動的小讀者們可以藉由閱讀，認識更多有趣的知識。反過來說，也希望這個有趣的系列，可以讓愛閱讀的小朋友，也能開始享受運動的好處。

目次

編者的話 ……………………………………………… 3

得分和數量

Q1 奧運獎牌排名比金牌數，還是總獎牌數？……………… 9
Q2 棒球比賽要打 9 局，得分一定很多？…………………… 13
Q3 打籃球一直投三分球就會贏了？………………………… 17
Q4 羽球比賽有兩個分數，到底是誰領先？………………… 21
Q5 單局比賽得分數最高的球類運動是哪一個？…………… 25
Q6 沒有分數的比賽，怎麼分勝負？………………………… 29
Q7 什麼！運動比賽還會扣分？……………………………… 33
Q8 十項全能冠軍，不一定每一項都是第一？……………… 37

重量與長度

Q9 舉重為什麼要分量級，不是看誰舉最重就好？………… 41
Q10 籃球和足球比賽中，哪一個選手跑動距離比較長？…… 45
Q11 馬拉松要跑多遠？………………………………………… 49
Q12 海上也有超級馬拉松？…………………………………… 53

Q13 跳遠和三級跳遠，哪個跳比較遠？……………… 57

Q14 撐竿跳高最高可以跳多高？……………… 61

Q15 排球的網子和籃球框，哪個比較高？……………… 65

Q16 足球 12 碼、手球 7 公尺、籃球 15 英尺的罰球距離，誰比較長？……………… 69

速度

Q17 世界紀錄跑步最快的速度有多快？……………… 73

Q18 球類比賽中的球速，哪個最快？……………… 77

Q19 在水上比速度，哪一個運動最快呢？……………… 81

Q20 競速自行車的速度有多快？……………… 85

邏輯與幾何

Q21 分組循環賽、單淘汰賽，分別要打幾場比賽？……………… 73

Q22 運動攀岩得分越少的才是贏家？……………… 77

Q23 巴黎周日下午 6 點的比賽，台灣幾點才能看到？……………… 81

Q24 運動比賽靠實力，還是靠運氣？……………… 85

Q25 棒球選手上場的順序為什麼沒有按照他們的球衣背號？……………… 105

Q26 棒球轉播時，螢幕上呈現的球隊和選手數據是什麼？……………… 109

Q27 起點不同的跑步比賽，公平嗎？ ……………… 113
Q28 各種球類運動的球都是圓形的？ ……………… 117
Q29 射箭靶為什麼使用同心圓？ …………………… 121
Q30 高山滑雪的選手要怎麼認路？ ………………… 125

人物介紹

凱開 小學五年級

反應很快、身體協調性佳,擅長跑步,最喜歡看田徑比賽,尤其是賽跑最後衝刺到終點的那一刻。除了田徑,對於其他運動進行的方式就一知半解。

小學五年級 派派

是凱開的同學。很喜歡看各類球賽,對於運動明星如數家珍。不擅長運動,但是會參加團體的運動項目,例如躲避球、籃球,因為派派說,她是用頭腦在運動。

王海莉 體育老師

外表甜美可愛的樣子,但其實是大力士,擅長一切體育項目,但如果要跳舞的話,就會手腳打結。因為小時候出生是巨嬰,爸爸以大力神海克力斯來命名。

數學科老師 林麥斯

和小林老師林利斯是孿生兄弟,因為出生時間比較晚一點,大家叫他小小林。喜歡騎自行車和滑雪這種有速度感的運動,喜歡看滑冰和跳水比賽。

噹噹噹噹♪
雖然是跟運動有關，但是要算數學還是怕怕的……
我倒是想知道，運動跟數學有什麼關聯？
運動項目的確藏了很多數學的祕密，不妨翻開這本書，從有趣的運動數字來學數學吧！
上課囉！

得分和數量

Q1 奧運獎牌排名
比金牌數，還是總獎牌數？

得金牌比較厲害，一定是比金牌數。

當然是總獎牌數啊！得越多獎牌才厲害。

一般是比金牌數哦！

金牌最多，就是第一名！

　　奧運獎牌榜就像運動會的計分板，記錄著每個國家獲得的獎牌數，讓我們知道誰是運動場上的大贏家！那獎牌榜上的排名是怎麼決定的呢？其實很簡單，就像小朋友們最喜歡的集點遊戲一樣！

　　金牌就像最珍貴的寶物，擁有的金牌數量越多，代表這個國家越厲害。所以，金牌數量最多的國家，就是奧運獎牌榜上的第一名！

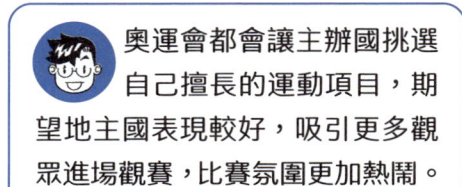

> 奧運會都會讓主辦國挑選自己擅長的運動項目，期望地主國表現較好，吸引更多觀眾進場觀賽，比賽氣氛更加熱鬧。

金牌一樣多，怎麼辦？

　　如果兩個國家得到的金牌數量一樣多，那就比誰得到的銀牌多。銀牌就像第二珍貴的寶物，擁有的銀牌數量越多，排名就越前面。如果銀牌數一樣，就再繼續比銅牌數量。

圖表讓比較數量更清楚

　　當要比較數量時，用圖表會比單純的文字描述更清楚，不同的表格，還可以展現不同的比較重點。右頁我們以 2008 年北京奧運各國的獎牌數量為例。

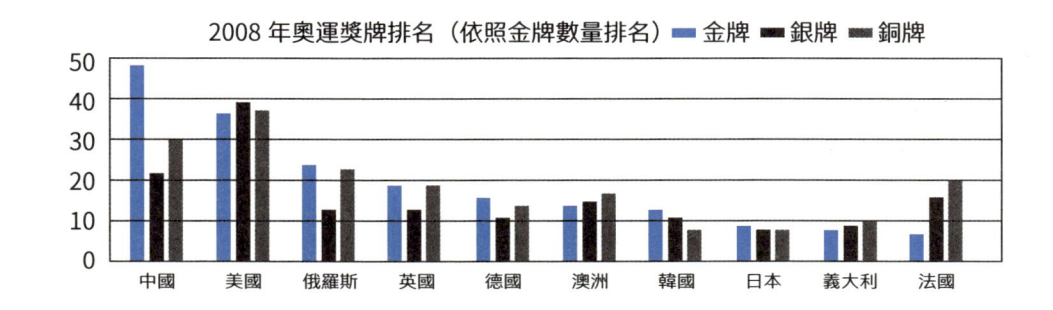

2008 年奧運獎牌排名（依照金牌數量排名） ■ 金牌 ■ 銀牌 ■ 銅牌

（長條圖：中國、美國、俄羅斯、英國、德國、澳洲、韓國、日本、義大利、法國）

　　從長條圖可以很明顯的看出，排名順序是以金牌為主，第一名是中國、第二名是美國、第三名是俄羅斯。而法國的總獎牌數高於義大利，但名次仍排在義大利之後。

　　把長條圖改成以總獎牌數量的線條圖來呈現，美國則變成第一名，中國第二。由於 2008 年奧運是中國主辦，在某些項目較優勢，獲得了比較多的金牌，美國為了展現整體運動實力，在自己國內媒體上，便以總獎牌數量排名，宣稱得到奧運獎牌排名第一。從下圖可以看出若以總獎牌數量來排名，很多國家的名次都會有所變動。

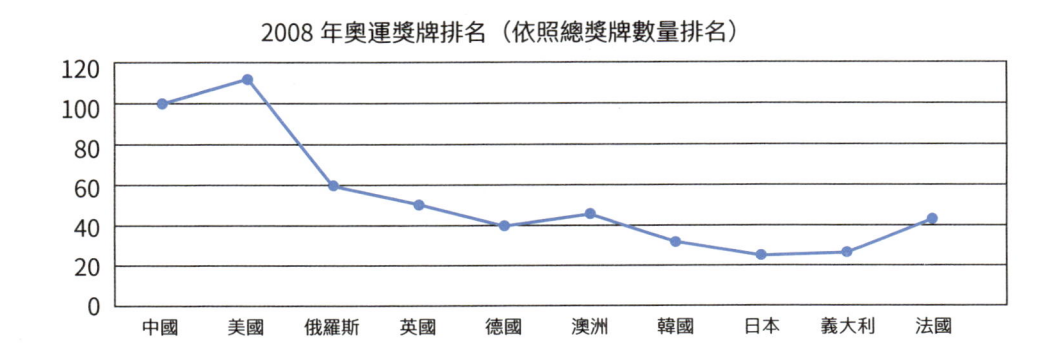

2008 年奧運獎牌排名（依照總獎牌數量排名）

（線條圖：中國、美國、俄羅斯、英國、德國、澳洲、韓國、日本、義大利、法國）

獎牌排名的聯想

獎牌榜的排名方式，類似我們平常用的十進位，金牌數就像百位數，銀牌數就像十位數，銅牌數就像個位數。只要百位數比較大，這個數值就是比較大。

$$6\ 1\ 3 > 5\ 9\ 9$$

百位數 十位數 個位數　　百位數 十位數 個位數

獎牌排名和十進位兩者很大的不同就是，奧運獎牌可沒辦法累積 10 面銅牌就換 1 面銀牌呢！

> 百位數的比較，我早就知道了！

Q2
棒球比賽要打 9 局，得分一定很多？

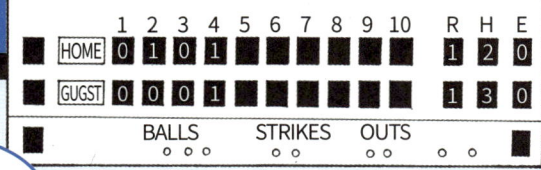

	1	2	3	4	5	6	7	8	9	10	R	H	E
HOME	0	1	0	1							1	2	0
GUGST	0	0	0	1							1	3	0

BALLS　STRIKES　OUTS

這個問題，我們實際看一場棒球比賽就知道了！

打了 1 個多小時，才得 1 分？！

棒球比賽的遊戲規則複雜，要得分並不容易。

歷史上，棒球比賽得分很少超過 20 分！

　　棒球是一種由兩支球隊進行對抗的團隊運動，在扇形的棒球場裡由兩隊交替進攻與防守，團隊可以透過多種進攻方式獲得分數，在比賽結束之時，獲得分數多的隊伍獲勝。

　　如何才算得分呢？首先，球賽的進行都是由防守方的投手投球，攻擊方的打者揮擊開始，當打者擊出安打，而守備員沒接到球，攻擊方的打者就會跑上一、二、三壘的壘包；比賽期間，打者擊出球，壘包上的球員依序推進，每當有一位球員安全回到本壘，即為獲得 1 分。如果打者打不到球，或是擊出的球被守備員接到，導致無法安全抵達下個壘包，打者或跑者將被判出局，無法得分。一場實力旗鼓相當的比賽，一隊大約能得到 5 分左右。

Out！
出局！

我只要跑快一點就好啦，簡單……啊！

棒球比賽中，每隊可以進攻 9 局，攻擊方在三個出局前都可以一直進攻，每局得分沒有固定的限制。這意味著只要攻擊方不出局，在理論上，每局都有可能產生無限多的得分。不過，棒球是一個攻擊失敗機率比成功機率高的運動，所以在實力接近的比賽中，一隊要得超過 10 分，是相對不容易的，因此每當有球隊攻擊大爆發，還是會出現雙位數的得分，但鮮少會超過 20 分。

實力相當，就靠運氣？

在奧運會的歷史上，因為派出的都是國家菁英，實力相差不會太多，偶爾會有球隊攻擊大爆發，例如 1996 年亞特蘭大奧運會古巴對澳洲的比賽，最後比數為 19：8，兩隊總共得了 27 分，是棒球成為奧運正式比賽後，兩隊加總的最高得分紀錄。兩隊得分差最多的則是 1992 年，由台灣對戰西班牙所創的 20：0。

1996 亞特蘭大奧運會　古巴 VS 澳洲

隊伍	一	二	三	四	五	六	七	八	九	R	H	E
古巴	2	0	3	3	0	8	0	3		19	20	2
澳洲	0	4	0	4	0	0	0	0		8	12	5

1992 雪梨奧運會　西班牙 VS 中華台北

隊伍	1	2	3	4	5	六	七	八	九	R	H	E
西班牙	0	0	0	0	0	0	0			0	2	0
中華台北	7	3	4	6	0	0	0	×		20	19	1

得分超過100分的棒球比賽！

比數是雙位數得分的比賽，還不是最讓人吃驚的。在台灣和日本，因為棒球發展比較蓬勃，重點發展棒球的學校，和一般學校社團球隊，實力有如鴻溝一般的差距。在台灣，2014年黑豹旗錦標賽，成功商業水產職業學校曾以87：0擊敗竹圍高中；在日本，1996年高中生甲子園大賽青森預賽中，東奧義塾高等學校以122：0狂勝深浦高校，是一場比分差距非常懸殊的棒球比賽，第一局東奧義塾就得了39分，通常這種比賽打完一至兩局，就會有一隊棄權，但深浦高校堅持不放棄，要打完比賽的毅力令人佩服，甚至被寫入了日本國小的教科書中呢！

不放棄的精神太令人感動了！

	一	二	三	四	五	六	七	八	九	十	十一	十二
東義	39	10	11	17	16	12	17			1	2	2
深浦	0	0	0	0	0	0	0					0

Q3
打籃球一直投三分球就會贏了？

三分球又不是隨便投就能中。

籃球就是要用三分球來搶分啊，為什麼不投呢？

依據統計，籃球比賽有將近一半的機率是以 2 分球為主哦！

投球的**分數高**，**難度也高**，
籃球光靠三分球不一定穩贏。

　　羽球、桌球是贏 1 球得 1 分的球賽，有的球賽則有特殊的計分方式，如網球就是以 15、30、40 來計分。而有的比賽卻像闖關遊戲一樣，不同關卡有不同的難度，得到的分數也不同。最常見的就是「籃球」比賽。投籃得分就像打怪一樣，離籃框越遠，難度越高，得到的分數也越多！無人防守的定點投籃——罰球，命中得 1 分；中距離到禁區籃下的投籃，命中得 2 分；遠距離的投籃，也就是三分線外的投籃，命中得 3 分！

　　那麼在比賽籃球時，都投三分球，不是得分累積得比較快嗎？這樣想雖然沒錯，但是兩隊比賽，有進攻就有防守，對手不會傻傻的等你一直投三分球，而且前面說過，距離越遠，要準確投進的難度也就越大，想要以此方式贏得比賽，並不是這麼容易。

籃球選手喜歡在籃下投籃

　　雖然三分球常常是籃球比賽逆轉勝的得分關鍵，但是根據 2022 到 2023 年美國職業籃球聯賽（NBA）30 支球隊的投籃統計，籃球選手在禁區投籃的次數最多，得分的機率也最高。雖然在禁區投球得分只有 2 分，但是距離籃框近，投進的機率高，再加上若能造成對手犯規，還能得到罰球的機會，反而是得分效率最高的。

2022～2023年NBA 30支球隊投籃數據

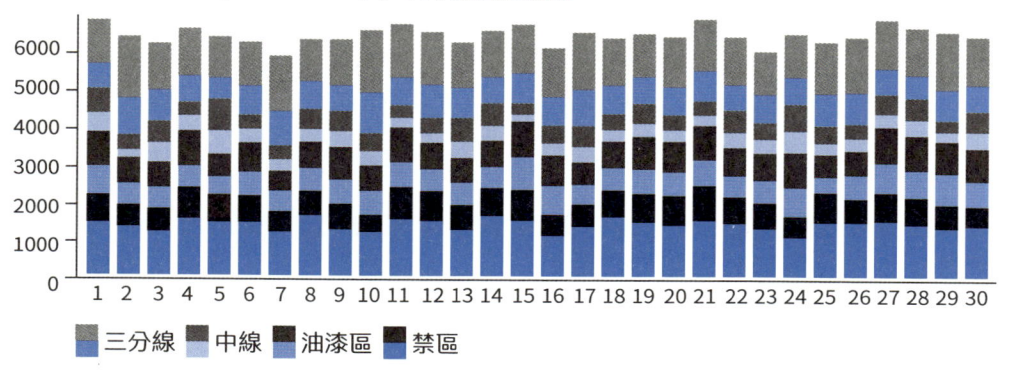

從NBA 30支球隊的投籃數據圖表中可以看到，分為四區塊代表不同的投球位置；每一區塊都有藍色和灰色的標示，藍色代表投進的次數，灰色代表沒有投進的次數，而最下層的區塊表示的就是在禁區投進的次數與沒投進的次數，此處投球的次數遠遠大過其他位置如非禁區的油漆區、中線和三分線。

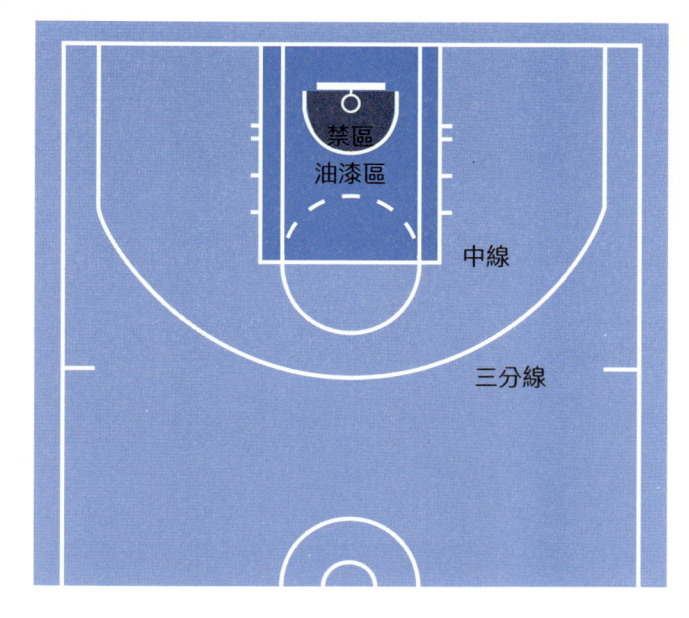

籃球員的投籃命中率

讓我們來看一場球賽的投籃命中率數據，你會知道，想要以三分球來贏得比賽，並不是那麼容易的事。命中率指的是籃球員將球以得分為目標，往籃框處投球，投中的球數與全場投出的球數所做的比率。以 2022～2023 年賽季為例，NBA 的平均投籃命中率為百分之四十六，也就是投 100 球，中 46 球。

那麼，三分球的命中率是多少呢？答案是百分之三十五至三十七；而罰球的命中率則是一場球賽較高的，通常在百分之七十五左右，而優秀的籃球員能將罰球的命中率提高到百分之八十五以上。

Q4
羽球比賽有兩個分數，到底是誰領先？

應該是把所有的分數加起來，多的就贏。

羽球比賽應該是比三局，拿下兩局勝利的才是贏家。

海莉	1	3
麥斯	0	11

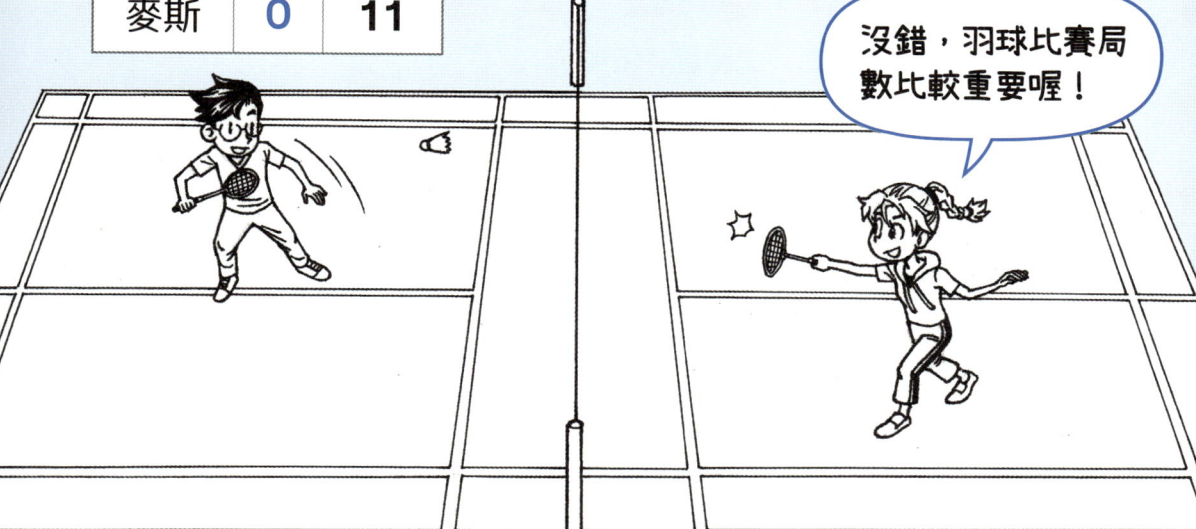

沒錯，羽球比賽局數比較重要喔！

贏得局數較多的人領先！

羽球比賽中，兩邊球員輪流發球，將對方的發球或擊球，在不落地的情況下回擊，若回擊球過網則比賽繼續，若掛網則對方得 1 分，過網且落地在對方的界內區，即可獲得 1 分。

不過羽球比賽並不是像棒球、籃球等運動，比最後誰的總分多，而是比誰拿下的局數多。在羽球比賽中，總共比賽 3 局，先得到 21 分的運動員即可贏得該局，也就是說，就算比賽過程中，突然狀況不好連續失分，只要能及時調整，還是有機會贏得比賽的，這樣的賽制，得分是為了贏下局數，總得分不是最重要的。

以右邊的計分表來看，海莉老師在第 2 局落後很多分，總得分

海莉	1	21	3
麥斯	0	18	11

只有 24 分，麥斯老師雖然總共得了 29 分，但因為第一局海莉先獲得 21 分，所以目前還是由海莉老師暫時領先。

桌球和排球比賽也是採用類似的規則

桌球、排球等有網子的競賽都是使用類似的規則，桌球每局先贏得 11 分的球員贏得該局，先贏 4 局者獲勝，最多比賽 7 局；排球則是先拿下 25 分的球隊贏得該局，先贏得 3 局的球隊獲勝，最多會比賽到第 5 局。

每局至少要贏兩分

羽球比賽中，每一局比賽中，先得到 21 分的就拿下這一局的積分，但當雙方比分達到 20 比 20 平手時，稱為「Deuce」（平分）。在這種情況下，根據規則，任何一方必須連續領先對方 2 分才能贏得這一局。例如，如果比分是 20 比 20，則要連得 2 分變成 22 比 20，22 分那方才能獲勝，如果戰況演變成 21 比 21，則要有一方取得 23 分才能獲勝。

這個規則的設計是為了增加比賽的激烈程度和觀賞性，同時也考驗球員的心理素質和持久力。在 Deuce 階段，每一分都變得極其重要，因為任何一方只要稍有疏忽，就可能失去領先的機會。這要求球員在壓力下保持冷靜，並展現出高水平的技術和戰術。

此外，Deuce 規則還確保了比賽的公平性，避免了因為僅僅 1 分的差距而決定勝負的情況。這樣的安排不僅讓比賽更加緊張刺激，也給了實力接近的對手更多展現能力機會，兼顧了比賽的娛樂性和挑戰性。

> 當一方只要再贏一球，就能贏得這一局比賽時，稱為「局末點」或「盤末點」；當一方只要再贏一球，就能贏得整場比賽時，就稱為「賽末點」。

Q4 羽球比賽有兩個分數，到底是誰領先？

透過以下的流程，就可以了解平分時要贏得一局的規則。

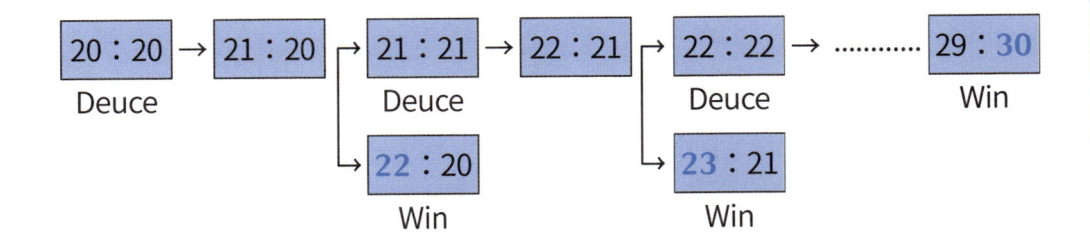

20：20 → 21：20 → 21：21 → 22：21 → 22：22 → ………… 29：30
Deuce　　　　　　 Deuce　　　　　　　Deuce　　　　　　　　 Win
　　　　　　　　↳ 22：20　　　　　 ↳ 23：21
　　　　　　　　　 Win　　　　　　　　Win

> 考量到運動員體力，以及不要讓比賽太冗長失去觀賞性，Deuce 上限是 30 分。

Q5
單局比賽得分數最高的球類運動是哪一個?

300

如果不是球類運動,花式滑冰選手一場長曲比賽下來,也可以達到兩百多分呢!

我猜是籃球,籃球常常可以看到一百多分的比賽結果。

如果不算得分沒有上限的比賽,單局比賽最高的得分運動是保齡球哦!

保齡球每局一球全倒，最高分為 300 分。

你曾在電玩遊戲上玩過保齡球遊戲嗎？利用傳感的方式丟球，好像很難抓到落點和方向，總是搞不清楚狀況就得分或是洗溝，但想辦法從哪個角度把球丟出去，才能夠把沒有倒下的球瓶擊倒，充滿著動腦的樂趣。

你以為保齡球只是電玩遊戲嗎？不，保齡球可是貨真價實的球類運動，甚至還有國際比賽呢！選手拿著一顆球，在球道上丟出去，讓球滾動到球道末端，擊倒排列成倒三角形的 10 支球瓶，如果一局中每次都可以一球將 10 支球瓶擊倒，那麼就可以獲得最高分 300 分。

> 1990 年代，保齡球運動在台灣曾經風靡一時，台灣選手甚至還開創了獨有的「飛碟球」技巧，在國際大賽上獲獎連連。雖然現在大家對於這個運動不再熱中，但保齡球仍是歐美、澳洲十分流行的運動，全世界進行此運動的人口有 1.2 億人。

保齡球的加成記分

保齡球一局活動會進行 10 次擊球，每一次可以丟兩球，每倒 1 支球瓶就得 1 分……咦，那麼總分不是 100 分嗎？怎麼會到 300 分呢？原來保齡球除了擊倒球瓶的分數，還有一個加成分數的規則，那就是當你一球就把 10 支球瓶全部擊倒時，叫做「Strike」，該格計分表上會累加下兩次擊球瓶的分數；如果是兩球把 10 支球瓶補擊倒，叫做「Spare」，那該計分表上則會累加下一次擊球瓶的分數。

保齡球一局的計分格有 10 格，就像下表所列：一球全倒就會在該局的格子裡以 X 符號表示，如第 2 格；如果是第二球補全倒，就會有一個分數加上一個／符號，如第 1 格。

1	2	3	4	5	6	7	8	9	10
6 ／	×	1 -	×	×	- 8	9 ／	3 5	4 -	× 3 4
20	31	32	52	70	78	91	99	103	120

計分方式就是，第 1 格兩球全倒為 10 分，要再累加下一次的分數，因第 2 格一球全倒為 10 分，第 1 格的分數 10+10 = 20 分。第 2 格為累計第 1 格、第 2 格分數，因第 2 格一球全倒，要再累加第 3 格兩次擊球的分數 20 ＋ 10 ＋ 1 = 31 分，以此類推。

第 1 格：　　**10**　　＋　　**10**　　＝　20

　　　　　補全倒 10 分　　加下一次擊球的分數
　　　　　　　　　　　　（第 2 格全倒 10 分）

第 2 格：　　**20**　　＋　　**10**　　＋　　**1**　　＝　31

　　　　　第 1 格累計分　　第 2 格全倒 10 分　　加下兩次擊球的分數
　　　　　　　　　　　　　　　　　　　　　　（第 3 格兩次擊球共得 1 分）

如果保齡球高手，每一局都是一球擊倒，那麼記分格上就會呈現以下的方式。第 10 格要預備如果打出 Strike 的話，還要再多丟兩球的計分格：

1	2	3	4	5	6	7	8	9	10
×	×	×	×	×	×	×	×	×	× × ×
30	60	90	120	150	180	210	240	270	300

解球不簡單

在保齡球館中，最開心的當然是擊出 Strike 全倒，如果是連續三次擊出 Strike，就會出現火雞來為你慶賀。火雞祝賀起源於早期進行保齡球比賽時，給予連續 3 次擊中全倒的人的禮物而來。

如果不是全倒，那麼沒有倒下的瓶子就形成了讓選手頭痛的解球難題，大家還為各種難度的殘瓶取名，如分站三個位置的「大三元」、前後站立的「背娃娃」，以及十分難解的大魔王——「眼鏡蛇」等，都需要一些角度和技巧，才能完美的以第 2 球解決。

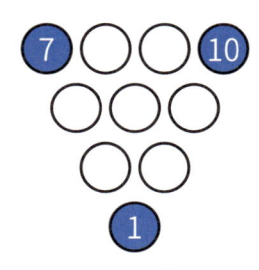

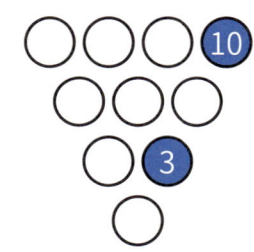

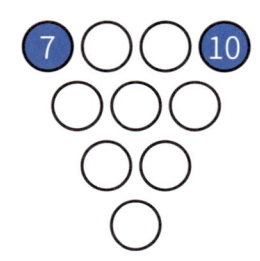

這像解謎遊戲一樣，真好玩！

Q6
什麼！運動比賽還會扣分？

用倒扣的方式得分嗎？天啊，好殘酷……

這類的選手都需要追求零失誤、用非常流暢且難度高的動作完成比賽，才能夠拿到高分呢！

我知道，競技體操就是！

−0.5

競技體操的動作有固定的分數，
做得不完整就扣分。

競技體操的分數是由兩個部分組成，第一個叫做難度分（D 分），所有的體操動作都有屬於自己的分數值，動作分數值越高，或連起來的動作串越多，難度分就越高。第二個部分叫做完成分（E 分），E 分滿分是 10 分，10 分代表動作完美，而運動員如果出現動作不完整等失誤，評審就會從 10 分中扣，根據失誤的幅度，每次扣下 0.1 分～1.0 分。D 分和 E 分加總起來，就是體操競賽的分數。

除了競技體操，跳水競賽的分數也是採取動作的完成度和難度來評分。裁判根據跳水動作完成後，以滿分 10 分為標準來給分，最好的表現可能可以達到 8 到 10 分，普通或是動作沒有完成的分數就會在 6 分以下。每一套跳水動作都有對應的難度係數，動作簡單，難度係數就低；相反的，動作越複雜，難度係數就高，而這個係數就是選手得分後加權的數值。

裁判給分後，要去掉最高分和最低分

競技體操比賽中的 E 分，會有 6 位裁判評比的分數，去掉最高和最低分，取中間 4 個分數的平均值，才是選手所得的 E 分。

這種特別的計算方式，是因為當我們在計算平均數時，很容易受極端數值的影響，因此，會將數據按照大小排序後，按照比例去掉最兩端的數據，只使用中部的數據來求均數，提升評分的公平性。

體操分數的計算方式

	E 分					D 分
~~7.5~~	8.4	8.6	8.8	9	~~9.2~~	6.7
得分：（8.4 ＋ 8.6 ＋ 8.8 ＋ 9）÷4 ＋ 6.7 ＝ 15.4						

在跳水比賽中，共 7 位裁判會分別給出分數，刪除掉最高的 2 個和最低的 2 個評分後，將剩下的 3 個評分加總，再乘上難度係數，就會是選手單回合的實際得分了。

跳水分數的計算方式

			分數				難度
~~8~~	~~9~~	9.5	10	10	~~10~~	~~10~~	3.2
得分：（9.5 ＋ 10 ＋ 10）×3.2 ＝ 94.4							

如果體操選手在比賽中摔了一跤，還能拿到獎牌嗎？

這與計分方式有關，失誤雖然會被扣分，但如果難度的分數遠遠超過其他選手，還是有可能拿到獎牌。

在 2012 年就曾經有過這樣的事情發生，美國「跳馬公主」麥凱拉‧瑪羅妮在做第二個跳馬動作時滑了一跤，因此與冠軍擦身而過，但因為她的動作難度高，空中姿態也比其他選手完美，分數出來以後，她還是順利成為了銀牌得主。

以選手命名的體操動作

以女子跳馬項目來說，動作的難易度可以從「垂直跳上馬」的 4 分，到「直體前空翻轉體 720 度」的 7 分。這些比賽動作都有固定的一套標準，裁判就依據選手有沒有將動作做完整來給 E 分。

體操選手可以做出不是規定好的動作嗎？可以唷，如果在比賽中展現出以往沒有人做過的動作，並且經過裁判的認可，選手還可以向國際體操總會提出申請，讓這個動作以選手的名字作為命名，並作為官方名稱。

台灣體操選手丁華恬，曾經在 2019 年世界盃墨爾本站，於地板項目以「跨跳結環 180 度」的新動作，通過了國際體操總會的認證，她的動作被命名為「The Ting」，又稱為「丁丁跳」，因此被編入體操的難度 D 動作列表中，也是台灣第一位獲得認證的選手喔！

丁丁跳

Q7
十項全能冠軍，不一定每一項都是第一？

十項全能比賽的選手每一項比賽都有亮眼的表現，透過策略來得分，不一定要每一項得第一才能拿冠軍哦。

每個都第一，就成了超人選手了吧！

十項全能不就是每一項都要是冠軍嗎？

十項全能，十項都要能，但冠軍不一定是每項都要是第一。

十項全能是由十項不同的田賽和徑賽項目所組成，會用兩天來比賽，第一天的項目講求速度、爆發力及跳躍技巧，包含100公尺跑步、跳遠、鉛球、跳高、400公尺跑步；第二天的項目則講求技術、耐力，包含110公尺跨欄、鐵餅、撐竿跳高、標槍、1500公尺跑步。

哇，你發現了嗎？這些比賽項目的評分方式都不一樣，有的比快、有的比遠、有的比高，所以比賽會將選手的各項成績轉換成積分，並以分數總和最高者為優勝。十項全能，就如其名，選手在每項比賽都需要有一定的表現，再專攻個別項目而取高分，如果只在一項比賽中獲得冠軍的運動員的得分，並不會高於在多項比賽中成績都較好的運動員，而且任何一個單項棄權，就不得計總分和名次了。

所以，十項全能的選手，是無法偏重一、兩項就能獲得冠軍。

每項競賽都要換成積分，該用什麼標準來計算？

十項全能的計分，有一套精密的計分系統，奧運會根據世界紀錄，制定出了一個得分對應表格，讓選手的成績在表格中換算成績分，公式相當複雜，例如：在100公尺賽跑中，紀錄為T（單位：秒），那麼，對應的積分就是 $25.4347 \times (18-T)^{1.81}$ 分。

以下面三個項目的計算公式來看，只要把選手完整比賽的紀錄，如跑步的秒數（T）、跳遠的公分距離（d），以及鉛球擲遠的公尺距離（D），帶入公式中，就可以得到該項目的積分。

看起來不太好算，對吧！

（得分計算公式：T 為秒、D 為公尺、d 為公分）

項目	男子得分計算公式	女子得分計算公式
100 公尺	$25.4347 \times (18-T)^{1.81}$	$17.8570 \times (21-T)^{1.81}$
跳遠	$0.14354 \times (d-220)^{1.4}$	$0.188807 \times (d-210)^{1.41}$
鉛球	$51.39 \times (D-1.5)^{1.05}$	$56.0211 \times (D-1.5)^{1.05}$

別擔心，計算時，並不需要一筆一筆慢慢計算，利用函數計算，讓人們只需要在電腦輸入時間和距離的數值，就能輕鬆換算成積分。十個競賽項目都有專屬的獨立公式，如果最後總分相同，則先比較同分選手各項目分數，在較多項目取得較佳分數者獲勝。

把「函數」想像成一台神奇的機器，當我們丟進一個數字後，機器裡設定了計算過程，產出另一個相對應的數字出來，這個過程就是函數的運作原理。

表格中，有注意到每個公式右上角那小小的數字嗎？那是「次方」，也稱為「指數」，用來表示數字的乘方運算。例如：3^4，我們會唸「3 的 4 次方」，就代表 $3\times3\times3\times3$，也就是 $3^4=81$。

指數
底數
3^4

十項全能世界紀錄與單項世界紀錄

十項全能的冠軍常被稱呼為「人類最強運動員」，在每項比賽都有優於常人的表現，我們來看看十項全能的超級運動員在世界紀錄的表現，和單項比賽的世界紀錄的比較。

從下表來看，男子十項全能的世界紀錄，雖然每一項都比不過單項冠軍的世界紀錄，不過能夠累積十項運動的積分超過 9000 分的，在體育比賽歷史上的紀錄只有 4 位選手，可見是非常困難的。目前十項全能最高積分的紀錄保持者，是 2018 年法國舉辦的田徑十項全能挑戰賽中，法國選手梅爾獲得的 9126 分。

項目	十項全能世界紀錄	單項比賽世界紀錄
100 公尺	10.55 秒（1，963）	9.58 秒
跳遠	7.80 公尺（1，1010）	8.95 公尺
鉛球	16.00 公尺（1，851）	23.12 公尺
跳高	2.05 公尺（2，850）	2.45 公尺
400 公尺	48.42 秒（2，889）	43.03 秒
110 公尺跨欄	13.75 秒（1，1007）	12.80 秒
鐵餅	50.54 公尺（1，882）	74.08 公尺
撐竿跳高	5.45 公尺（1，1051）	6.25 公尺
標槍	71.90 公尺（1，918）	98.48 公尺
1500 公尺	4 分 36 秒 11（5，705）	3 分 26 秒 00

＊十項全能一欄標示為紀錄（名次，積分）

Q8
沒有分數的比賽，怎麼分勝負？

沒有分數？那是比時間、還是比距離呢？

我猜是比規則，像拳擊比賽把人打到站不起來就贏了！

有些比賽不是採用比紀錄的方式，而是利用規則來定勝負哦！

撞球有計分，也有不計分的玩法

　　撞球運動有很多種玩法，有的玩法有計分，有的玩法並不是採取計分的方式，而是採取指定球入袋為主要取勝的方式。國際花式撞球比賽最為人所知的9號球比賽，就是以誰先把9號球打入袋中，誰就贏得此局，並視各比賽規則而定，通常贏得5局、7局或9局不等為勝者。

9號球進袋才算贏

　　9號球的玩法是使用有落袋的撞球桌，並有1～9號的子球，及一顆白色的母球，通常為2人競賽，也可以多人玩。規則是以撞球桿敲擊母球去撞擊子球，誰先把9號球撞擊到袋子裡，誰就獲勝。

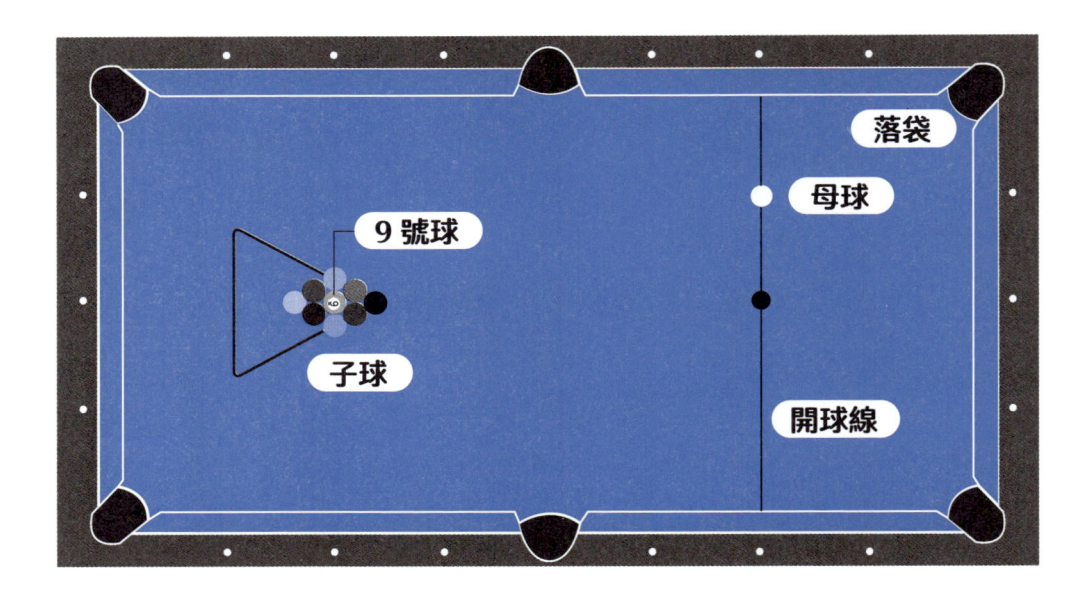

當然玩法並不是一開始就只想著要撞擊 9 號球，而是有不少規則要遵守。一開始開球時，母球一定要打擊 1 號球，並且力量要大，需有 3 顆球要移動過開球線；再來是要順序把 1～8 號的球打入袋中，如果有失敗或是犯規的狀況，就換對手打球。1～8 號球無論是誰打進袋子裡，並不影響勝負，而是最終誰把 9 號球打入袋中，誰才是此局的贏家。

> 撞球運動中，除了 9 號球，還有 10 號球的玩法，兩種玩法都是以最終將指定球號打入袋子裡為贏家。9 號球是使用 1～9 號 9 顆球，10 號球則是使用 1～10 號 10 顆球，並且要把指定球排在子球中間，才開始進行撞球。

9 號球的排列

10 號球的排列

相撲也不是計分的體能競技

相撲是日本非常傳統且古老的體能競技，從宗教儀式發展而來，據說也是日本柔道的起源。相撲選手又叫做力士，當進行相撲競賽時，兩名平均身高約 186 公分，平均體重約 161 公斤的力士，會在一個直徑約 4.5 公尺，以土鋪成的圓形土俵內，以推、拋等的技巧，想辦法把對手推出土俵外，或是讓對手腳掌以外的身體著地，就能夠獲勝。

得分和數量　Q8 沒有分數的比賽，怎麼分勝負？

你可能會以為相撲跟拳擊一樣，會以體重來區分級別，同量級的選手才會同場較量。相撲並不分量級，所以你會看到 100 公斤的選手對上比他重一倍的選手，力士以自己的相撲技巧來取得勝利，當累積獲勝次數達到第十級，就會獲得相撲力士的最高資格的名號──橫綱。歷年來獲勝次數最多，堪稱史上最強的相撲力士白鵬（現已退役），身高 192 公分，體重約為 151 公斤，體格就呈現十分壯碩，而不肥胖。

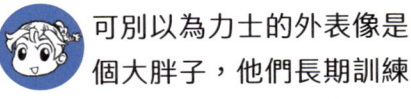

> 可別以為力士的外表像是個大胖子，他們長期訓練所累積的肌肉量，可能比從不運動的瘦子還高呢！只是他們要維持較重的體重，在競技較量時才不容易被推倒。

重量與長度

Q9 舉重為什麼要分量級，不是看誰舉最重就好？

唭呼，舉重大力士是我，派派你要跟我挑戰嗎？

沒錯，舉重比賽並不是所有人放在一起比賽的哦！

哼！舉重比賽可是有嚴格的量級區分的，我才不要跟你比。

分級讓選手在體重相近的情況下 公平的競爭。

舉重是一項相當仰賴肌肉力量的運動，運動員需要有強大的肌肉力量和爆發力才能成功舉起那動輒上百公斤的槓鈴。通常較多的肌肉量會使人的體重增加，也就是說，一個擁有較多肌肉的人，體重通常會比較重。因此，這就是為什麼我們需要透過體重的分級，讓體重相近的選手一起進行比賽，讓比賽更加公平。

舉重運動是如何分級的呢？

以 2024 年的巴黎奧運來說，舉重將分為男子組及女子組，共有 10 個量級。

	男子組	女子組
量級	61、73、89、102、102 公斤以上	49、59、71、81、81 公斤以上

那選手要如何知道自己的體重屬於哪一個量級呢？

男子組		女子組	
61 公斤級	體重 ≤ 61 公斤	49 公斤級	體重 ≤ 49 公斤
73 公斤級	61 公斤 < 體重 ≤ 73 公斤	59 公斤級	49 公斤 < 體重 ≤ 59 公斤
89 公斤級	73 公斤 < 體重 ≤ 89 公斤	71 公斤級	59 公斤 < 體重 ≤ 71 公斤
102 公斤級	89 公斤 < 體重 ≤ 102 公斤	81 公斤級	71 公斤 < 體重 ≤ 81 公斤
102 公斤以上級	102 公斤 < 體重	81 公斤以上級	81 公斤 < 體重

對照上面的表格，以男子組 61 公斤級（體重 ≤ 61 公斤）為例，在這個量級的選手，體重必須 ≤ 61 公斤，也就是在 61 公斤以下（包含 61 公斤）；男子組 73 公斤級（61 公斤 ＜體重 ≤ 73 公斤）的選手，體重則是必須介於 61～73 公斤之間（不含 61 公斤，但包含 73 公斤）。

> 通常我們會將體重 ＜ 59 公斤，和體重 =59 公斤合併用「體重 ≤ 59 公斤」表示，其中符號 ≤ 代表「小於或等於」的意思，讀作「體重小於或等於 59 公斤」。

在大型的比賽中，我們可以注意到，運動員們常常是相當嚴格的要求自己的體重，希望讓體重維持在該量級的最高值，幫自己爭取到最大的競爭優勢。

舉重比賽並非一舉定輸贏

舉重比賽會分為兩種姿勢，抓舉和挺舉，兩種姿勢各三次機會，選手自己填上要挑戰的重量，當槓鈴抓起後，裁判負責裁決是否成功。挑戰重量較輕的選手先舉，較重的後舉，如果抓舉或挺舉其中一種沒有成功，那就會失去比賽的資格了。

抓舉

挺舉

同量級的選手，名次會依據其抓舉和挺舉的槓鈴加總重量，若總重量相同，則以體重較輕的選手勝出；如果體重相同，那就以先成功舉起者判獲勝。

> 舉重比賽不只是單純比誰能舉得更重，因為比賽只有各三次的抓舉與挺舉機會，出場的順序是依照自己決定的挑戰重量，所以，還沒上場前，教練和選手就展開與其他選手鬥智的戰略，對重量的掌握度也是獲勝的重要關鍵。

舉重冠軍的力氣有多大？

目前男子舉重項目的世界紀錄，是抓舉 225 公斤、挺舉 267 公斤，這個重量有點超乎想像了，對吧？沒關係，讓我們來換算看看：

一台機車大約是 113 公斤，舉重選手可以說是一口氣就能夠抬起 2 台機車，也是 7、8 個 30 公斤的小朋友、321 杯 700 毫升的珍珠奶茶的重量！

Q10
籃球和足球比賽中，哪一個選手跑動距離比較長？

足球場比籃球場大很多耶，當然是足球選手呀！

不過……籃球選手進攻次數比較多。

沒錯，我們需要知道球場的場地大小以及球員平均在場上的時間，這樣就能夠大概計算出來了喔！

足球選手一場球賽平均要跑超過 10 公里

首先，我們先來認識幾個關鍵資訊：

一、足球場及籃球場的尺寸

●足球場：長 105 公尺，寬 68 公尺　　●籃球場：長 28 公尺，寬 15 公尺

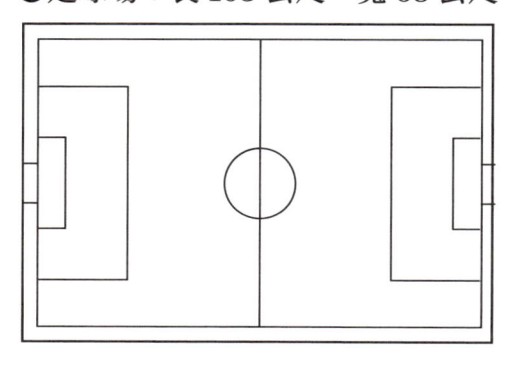

二、選手們上場的時間

以籃球選手的先發球員來說，一場比賽中，在場上的時間約為 30 分鐘。而在足球比賽中，很多球員在球場上踢球的時間是 60 分鐘踢滿的。

三、單趟跑動的時間

籃球，一回合的進攻時間為 12 秒；足球，每回合的進攻時間不一定，每次往一個球門進攻的時間平均約 50 秒。

四、跑動距離的推算

	籃球	足球
平均上場時間	30 分鐘 (1800 秒)	60 分鐘 (3600 秒)
單趟跑動時間	12 秒	50 秒
跑動距離推算結果	6700 公尺	12456 公尺

籃球：1800 秒 ÷ 12 秒 = 150，代表跑了 150 趟，150×28 公尺 =4200 公尺，代表一個球員來回跑動的距離為 4200 公尺；150×15 公尺 =2500 公尺則是橫向的跑動距離，加起來是 6700 公尺，也就是 6.7 公里。

足球：3600 秒 ÷ 50 秒 = 72，代表跑了 72 趟，72×105 公尺 =7560 公尺，代表一個球員來回跑動的距離為 7560 公尺，加上橫向的跑動距離 72×68 公尺 =4896 公尺，加起來是 12456 公尺，大約 12 公里。

> 相除或相加的兩個數字，單位要一樣喔！1 分鐘 =60 秒、1 公里 =1000 公尺。

足球選手哪兩個位置是跑得最少和最多？

在足球比賽中，跑動最少的是「守門員」，通常每場比賽平均跑動的距離約是 3.2 公里，而跑動最多的則是「中場球員」，中場球員負責帶領隊員們進行前場的攻擊與後場的防守，有些中場球員甚至在單場比賽會跑動超過 12 公里。

> 隨著科技的進步，現在可以利用發送信號的微型無線電發射器來測量球員的球速、步數、球的路徑等，將發射器放在球員的鞋子、球衣、足球上或球場周圍，讓測量變得更容易、更準確。

有更長的跑步運動距離嗎？

當然有。「馬拉松」比賽是一項非常考驗耐力的長跑運動，簡稱全馬，這個比賽的標準距離是 42.195 公里。此外，還有超級馬拉松，跑步距離有 50、100 公里，甚至還有雙倍馬拉松，以及 24 小時賽。總而言之，如果以跑步作為運動的話，可以愛跑多遠就跑多遠哦！

> 海莉老師的魔鬼跑步訓練又來了！

Q11
馬拉松要跑多遠?

我要報名跑馬拉松,不過……馬拉松到底要跑多遠?

你忘記了嗎,這本書有提到全程馬拉松是42.195公里!

沒錯!馬拉松是一場考驗耐力和毅力的比賽,選手們要跑這麼遠的距離,真的很不容易呢!

馬拉松依距離可分為迷你馬拉松、半程馬拉松和全程馬拉松。

馬拉松在台灣可以說是全民運動，每年有各種大大小小的馬拉松賽事在各縣市舉行，依據路線的不同，參賽者也會面臨不同地形的考驗，若是沿海，可能會有強風阻礙；若是在山上，可能有緩緩上升的斜坡耗盡腿力。不管是哪一種挑戰，參賽者必須要有堅定的意志力才能完賽。

不過對許多參賽者而言，天候、氣溫和地形的不同，是馬拉松賽事中的趣味之一，真正考驗自身體力的還是「距離」。

以距離分類，馬拉松有好多種，最常見的有三種，迷你馬拉松、半程馬拉松和全程馬拉松。讓我們試著將這些距離以學校操場的長度（一圈 200 公尺）為單位來計算，看看到底有多「遠」吧！

- 迷你馬拉松：大約 10 公里，相當於繞著國小學校操場跑 50 圈。
- 半程馬拉松：21.0975 公里，相當於繞國小學校操場跑約 105 圈。
- 全程馬拉松：42.195 公里，相當於繞國小學校操場跑約 211 圈！

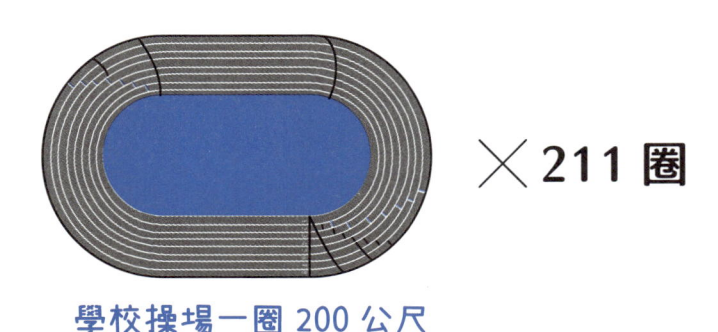

× 211 圈

學校操場一圈 200 公尺

有時間限制的馬拉松

　　門檻低、又沒有人數限制的馬拉松比賽,看起來需要克服的,就是「距離」。或許有人覺得,要克服距離還不簡單,就一直往前跑就對了,不管花了多久時間,總會跑到終點吧!很可惜的是,馬拉松比賽有時間限制,若是選手沒有在時間內跑到終點,就會被「關門」,也就是等於沒有完賽。一般馬拉松的關門時間大約是鳴槍後 6 小時左右,跑完 42 公里最慢的跑速為 7 分速,也就是 1 公里花費 7 分鐘,而馬拉松好手大約可以在 3 小時內跑完,平均 1 小時要跑 14 公里,等於 1 公里只能花費 4 分鐘多,更何況體力會隨著距離逐漸消耗。

最容易進行的運動

　　聽到這些數字之後,是不是對馬拉松的距離有些許概念了呢?你也許會疑惑,這麼累人又無聊的賽事,就只是一直往前跑,既沒有球類比賽的刺激感,也沒有自行車賽、短跑等比賽的速度感,為什麼還有這麼多人一股腦的熱血參加呢?其實這就是馬拉松的魅力所在:它不需要習得很艱深困難的技能,只須要讓雙腳動起來,自然就能跑動;它也不需要團體合作,如籃球賽要 5 人才能比賽,但馬拉松全程只能依靠自己;而它更是大家當做挑戰自我的一種精神象徵,只要多跑一場,都等於比之前的自己更進步。

配速是長跑的關鍵

於是，要如何在長距離中保留體力的狀況下維持一定的跑速，就成了選手們完賽的關鍵，這種技巧叫做「配速」。有經驗的選手會把路程分為數段，依照自己的體能和特質，有節奏的往終點邁進，一來可以保留體力，二來可以維持速度。在馬拉松比賽中，配速就像是一場數學比賽，選手們該如何斟酌自身的體力、極限，計算出該用多快的速度跑多少距離，每個人的訣竅都不一樣，而這也是馬拉松比賽的迷人之處喔！

舉例來說，把 10 公里的路線分成三段，在前 2 公里，先用比平常快一點的速度跑，到了中段的 7 公里，放慢一點點速度，但是維持住基本的秒數，讓身體適度恢復呼吸和體力，等到最後 1 公里，卯足全力衝刺，這樣的概念，就叫做配速。

> 我哥哥小林老師的配速，約在每公里 5 分鐘左右，跑 10 公里大約花費 50 分鐘。

Q12 海上也有超級馬拉松？

有人在海上游泳超過 200 公里嗎？

海上怎麼計算距離呢？

人類的海泳最遠距離是 250 公里，的確是超級馬拉松呢！

250

人類海泳最遠距離是 250 公里。

　　2021 年，西班牙游泳選手費南德茲在美國佛羅里達州東海岸，大西洋的墨西哥灣流中，持續游了 26 小時 36 分鐘 18 秒，創下了兩項金氏世界紀錄：24 小時內最長游泳距離（238 公里）及單次海洋游泳最長距離（250 公里）。在這次挑戰中，他除了要應付體能的挑戰，還要面對海洋生物不請自來的陪伴，包括夜間游泳時被水母蜇傷以及與鯊魚共游的威脅。他佩戴了一個能發出電磁波的手環來防止鯊魚靠近，但面對水母的攻擊只能選擇默默承受。

> 在長距離游泳比賽中，為了應付大量的體力消耗，選手們常會在水中進食。有些選手會吃能量果膠、香蕉、巧克力或者喝含有電解質的飲料，這些食物可以在短時間內提供大量能量，幫助他們應對漫長且費力的賽程。

天哪！真是危險的挑戰！

在海上進行的馬拉松

難道真的有海上馬拉松游泳比賽嗎？沒錯，馬拉松游泳是一種長距離的公開水域游泳賽事，與馬拉松賽跑不同的是，馬拉松游泳的最短距離是 10 公里，這是奧運項目的規定，而一般把超過 15 公里的賽事稱為「超級馬拉松游泳」。在馬拉松游泳賽事中，選手只能穿戴泳衣、泳帽、泳鏡等基本的游泳配件，不能用其他輔助設備完成比賽，也不能跟戒護船隻、支援人員或其他物體發生接觸。由此可見西班牙游泳選手費南德茲所創下的 250 公里是多麼的不容易，可以說是「超級無敵馬拉松游泳」了！

向英吉利海峽發出 44 次挑戰的超級泳將

游泳好手不只費南德茲，澳洲游泳選手克洛伊·麥卡多，從 2009 年至 2021 年間，一共泳渡了 44 次英吉利海峽！這 44 次的成就讓她成為英吉利海峽歷史上，穿越次數最多的女性游泳選手，刷新上位紀錄保持人艾莉森·斯特里特保持了 17 年的 43 次紀錄，成功繼承「英吉利海峽女王」的稱號。

> 台灣也有一位海泳女子好手，在 2024 年 7 月完成了泳渡英吉利海峽的壯舉。許汶而以 12 小時 17 分 8 秒的時間完成單人泳渡英吉利海峽，是台灣史上的第一人呢！

海上距離怎麼計算？

利用專屬超長捲尺？海面有設置特別的打卡點？都不是！海上的距離是以起點到終點兩端的直線距離來計算！而且馬拉松游泳的距離是路線的長度，而不是選手游泳軌跡的長度！

游泳路線是指從起點到終點的預定路徑。這條路徑可以是直線，也可以是一系列連接起來的直線段（如果路線中間有其他陸地阻擋）。如英吉利海峽游泳的路線是從英國的多佛到法國的格里內角，約 33 公里長。

游泳軌跡是指選手實際游泳的路線，通常用 GPS 記錄。包括導航誤差、潮汐運動和其他因素，都有可能讓實際路線和原訂路線出現差異。

下圖看到選手因為潮汐或其他因素偏離了原訂路線，實際游的距離比 33 公里多出很多，但無論選手實際游了多遠，只要完成了英吉利海峽的游泳挑戰，官方計算的距離就是固定的 33 公里，不會因為選手游得更遠而改變喔。

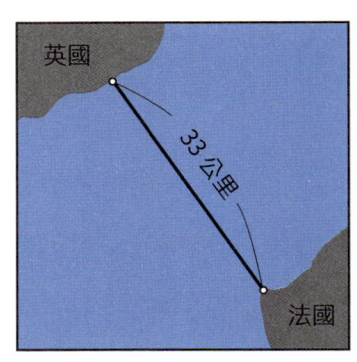

英吉利海峽游泳路線 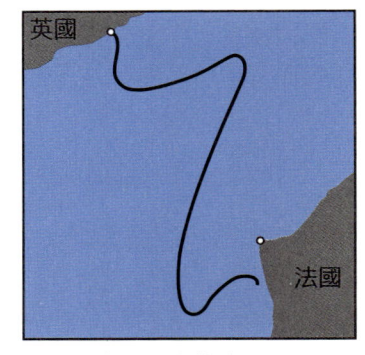　　選手的實際游泳軌跡

Q13
跳遠和三級跳遠，哪個跳比較遠？

三級跳是跳了三次，當然是三級跳的距離比較遠。

我選三級跳遠，因為聽起來比較厲害。

這兩種都是比較跳遠的距離，但是兩個比賽的運動動作不太一樣，計算成績的方式也不太一樣喔！

從起跳板開始量跳遠距離，三級跳的**距離比較遠**。

上體育課時，測驗過立定跳遠嗎？測驗立定跳遠時，我們從一個定點起跳，並且盡可能跳到沙坑中的另一個定點，而這兩個定點間的距離就是立定跳遠的成績。

田賽運動項目中的跳遠和三級跳遠，和學校測驗的立定跳遠不太一樣，跳遠比賽多了助跑，而三級跳遠比賽則會在助跑和最後的跳躍之間，再加上單足跳和跨步跳，總共有三次的跳躍動作，比跳遠多了兩次單足踏跳。選手在起跳時，腳會踩在起跳板上，著地後從踏板到最接近踏板的落地沙坑凹陷處作為測量距離，這個距離就是比賽的成績。

> 如果不小心跌倒了，那測量的距離就會變成從起跳板到屁股，距離可是大大的縮減了。

動作技巧和計算距離方式不同

在世界紀錄中，無論是男子比賽或是女子比賽的紀錄，三級跳遠成績可是足足比跳遠的成績多出 8 到 9 公尺呢！

這是由於兩項比賽起跳後的動作不一樣，計算的距離也就大不相同，我們透過下圖來比較看看：

跳遠

助跑

三級跳遠

助跑　起跳　單跳　跨步跳　跳躍

不論是跳遠或是三級跳遠，都是從起跳板開始計算到最後落入沙坑的位置，三級跳遠會將中間兩次跳躍的距離也計入成績，這也就是為什麼三級跳遠的紀錄數字會比較大的原因了。

跳遠和三級跳遠的世界紀錄

	跳遠	三級跳遠
男子	8.95 公尺	18.29 公尺
女子	7.52 公尺	15.74 公尺

風兒呼呼吹，可別吹走我的新紀錄啊！

你有沒有這樣的經驗，在順著大風的方向行走，可以感受到一股推著我們向前的助力，相反的，如果逆著大風走，那可是舉步難行啊！

在跳遠比賽中，風速是個關鍵因素，比賽規則規定：當比賽時，順風時平均風速超過每秒 2 公尺 (2m/s)，所創下的紀錄是不被承認的。在各類全國比賽及世界大賽中，就常常出現因為超過風速，讓選手所創下的成績不能作為新紀錄的遺憾。

動物界跳遠高手

說到動物界的跳遠高手，我們絕對不能錯過袋鼠，袋鼠有著強健有力的後腿，還有又粗又有力的尾巴，能在袋鼠跳躍的時候幫助它跳得又高又遠，袋鼠最遠能跳到 13 公尺遠，可以說是跳得最遠的動物了。

其他動物表現也不容小覷，被追趕時的羚羊，能跳到 10 公尺遠；而不會行走、只會跳躍的小兔子，也能跳到 6 公尺遠呢！

Q14 撐竿跳高最高可以跳多高？

我看過電視上的比賽，撐竿跳高比跳高高很多呢！

一般跳高都可以跳得比人還高了，我猜撐竿跳高可以跳到 3 公尺。

撐竿跳高最高可以跳到 6 公尺那麼高哦！

多了撐竿的輔助，撐竿跳高能跳出 6公尺的高度。

跳高是選手在助跑一段距離之後，藉由單腳起跳的力量，跳過特定高度的竿子，最後降落於海綿墊上，只要橫竿不掉落，就算是完成動作。

撐竿跳高則是選手藉著助跑後插竿，將自己身體撐上竿子的最末端，在空中一躍而過特定高度的橫竿。撐竿跳高的高度可以比一般跳高高出約 3 公尺。

	跳高世界紀錄	撐竿跳高世界紀錄
男子	2.45 公尺	6.25 公尺
女子	2.09 公尺	5.06 公尺

使用更長的撐竿，就可以跳更高？

撐竿跳高的比賽規定中，不限制選手使用的撐竿長度、材質及粗細，只有要求撐竿的表面必須光滑。選手們會依照自己的身材、體重和挑戰的高度等等的因素來挑選自己的撐竿。

但選越長的撐竿就能跳越高嗎？能用多長的撐竿，必須依照選手本身的能力，如果使用超過自己能力所能應付的撐竿長度，那可能會發生很嚴重的意外，如果沒有好好掌握撐竿，很容易在半空中往回摔，在這麼高的高度摔下來可是相當危險的啊！

目前男選手選用的撐竿長度大約是 5～5.2 公尺，而女選手選用的

大約是 4～4.6 公尺長，選手們也會根據自己要跳的高度，選用不同的撐竿，例如，跳 5.2 公尺和跳 5.5 公尺，用的撐竿可能就會不一樣，太短會跳不高、太長會撐不起來，所以有些選手參加比賽時，常常會帶著好幾根撐竿。

撐竿的材質讓世界紀錄不斷被刷新

撐竿跳是一項古老的渡河技法，後來人們以竹子或木材進行過河競賽，就是利用撐竿跳躍的方式。後來才演變成跳高的形式。

在剛開始有撐竿跳高的比賽項目時，撐竿是用木材製作的，最高成績紀錄是 3.3 公尺；後來人們發現竹竿的重量更輕、比木材更有彈性，竹竿的最高成績紀錄來到了 4.77 公尺；金屬竿的出現，讓選手可以減少擔心撐竿折斷的困擾，還能提高握竿的位置，加快助跑的速度，最好的成績達到了 4.8 公尺；後來更發明了重量輕、彈性佳的玻璃纖維竿，這時候紀錄突破 6 公尺的高度。

動物跳高高手比一比

我們透過動物的身長，將牠們的跳躍能力按照身長的倍數來計算，用這個倍數來衡量動物們的跳躍能力吧！

兔子：兔子透過跳躍來行動，牠們的身長約 0.4 公尺，遇到危急時刻，能夠跳高到 1 公尺高，是身長的 2.5 倍。

袋鼠：除了能夠跳得遠，也能夠跳得非常高，當袋鼠站立的時候，身高可達 1.8 公尺，牠們能夠跳躍超過 9 公尺，大約是身高的 5 倍之高。

岩羚羊：身高約 1.5 公尺，在陡峭岩壁生活的牠們，可以輕鬆跳到 15 公尺高，是自己身高的 10 倍！

樹蛙：身長約 5 公分，牠們能跳高到 2 公尺高，大約是身高的 40 倍之高。

跳蚤：身長 0.1 至 0.4 公分，牠們可以跳到 60 公分高，是身長的 150 倍高！

身長 150 倍是什麼樣的概念呢？就像一個身高 150 公分的人，跳了將近 225 公尺這麼高，1 層樓大約是 4 公尺的話，225 公尺簡直是一跳就直達 56 樓了！

應該只有蜘蛛人辦得到了！

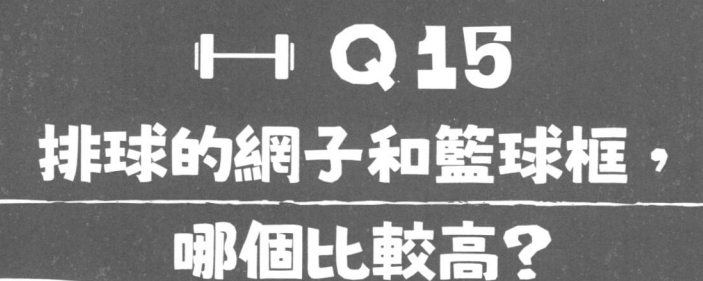

Q15
排球的網子和籃球框，哪個比較高？

排球是往上看的運動，我覺得排球網比較高！

籃球選手都是飛起來灌籃耶，我覺得籃球框比較高！

排球選手和籃球選手的確都能夠跳得很高，不過，籃球框比較高哦！

籃球框的高度比排球網還要高喔！

　　從遠處看籃球框和排球網，確實是無法立即感受到高度的壓迫感，但走近一看，大部分人都會驚覺：「有夠高！」

　　按照規定，標準的籃球框高度為 3.05 公尺，架設好的排球網，從中心點測量的標準高度，男子排球網為 2.43 公尺，女子排球網高度為 2.24 公尺。不管是這兩種競賽的哪一種，想要得分，就必須先讓自己的身體超越籃框、或是排球網的高度，不難想像，運動員本身必須有良好的彈跳能力與爆發力，才能夠順利得分。

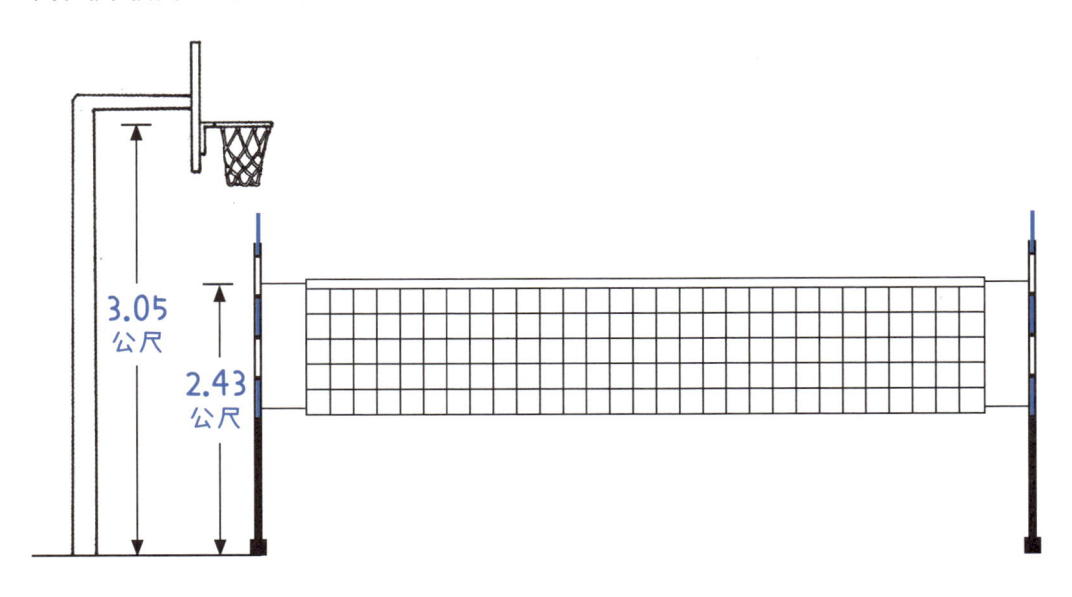

跳多高才可以灌籃？

想要灌籃的籃球員，一定要跳很高，才可以手持球伸到籃框邊緣，但實際上該跳多高呢？讓我們一起來計算。

假設籃球員的身高是 175 公分，成人的手臂長度約 70 公分，所以當籃球員高舉手抓著籃球，扣除頭和脖子的長度約 26 公分，他必須跳 86 公分高，才能將籃球送到與籃球框相同高度。不過這樣灌籃成功的機率微乎其微，想要成功灌籃的關鍵，除了跳得高，還得讓籃球的高度超過籃框一個球的高度才行。

一顆籃球的直徑約為 24.6 公分，也就是說，籃球員跳 86 公分可能不太夠，他還得使勁跳到 110.6 公分高，才可以在球場上施展超帥氣的灌籃絕技。

排球競賽更強調跳躍能力

以同樣身高 175 公分的男子排球員為例，當對方將球打過網，排球員高舉雙手，只要再跳 24 公分高，就能與排球網齊高。甚至只要再奮力跳高一點點，就能超過排球網的高度。可是，單憑如此就想要將對方的殺球攔下來以取得勝利，並不是那麼容易。

排球競賽可說是比籃球競賽更強調跳躍能力，畢竟籃球員不可能僅靠球球灌籃來得勝，他們可以在籃下、中線，甚至是三分線外，在各個不同位置，獲取不同的分數。但排球的得分時機，就是在網子上方，雖然只是一面網子，但是長度達 9.5 公尺，排球選手們必須時時注意對手的擊球方向與速度，有時候是高過網子、有時候是與網子齊高，不同球速與不同高度結合而成的各種球路，都有可能會出現在 9.5 公尺長的網子上的任何一個點。

　　每一球，都充滿著變化，這也是為什麼排球賽中，會有負責快攻的快攻手、以及控制球路的舉球員，還有專注於力量攻擊的攻擊手，以及可以滿場跑的自由球員，大家各司其職，就是為了應付千變萬化的攻擊，排球選手或許不需要可以跳到 110 公分高的能力，但是他們判斷球路的反應力、以及能夠迅速跳高的爆發力，可是絲毫不亞於籃球選手呢！

> 除了排球和籃球，足球場上也常看到球員們高高躍起的身影。特別是中後衛在防守角球時，以及前鋒在爭搶頭槌射門時，都需要展現出色的跳躍能力！

Q16
足球 12 碼、手球 7 公尺、籃球 15 英尺的罰球距離，誰比較長？

我們學過公厘、公分、公尺、公里，英尺跟碼比較少看到耶！

在運動比賽中，可以發現長度單位相當多，這些都可以透過簡單的換算，變成我們比較熟悉的單位喔！

足球比賽的罰球是 12 碼，我猜碼最長。

碼？

換算成相同的距離單位，**足球 12 碼**最長

　　足球中的「十二碼罰球」，在判罰中擁有最高的進球率，被稱為足球場上的極刑，罰球的位置是距離兩根球門柱之間的中點 12 碼，而 12 碼相當於 10.9728 公尺。

　　手球中的「七公尺罰球線」，位於球門正前方，距離球門線 7 公尺。因為入球率很高，也被稱為「手球的十二碼」，這個稱號是因為兩個都屬於容易得分的罰球，但距離可大不相同呢！

　　籃球中的罰球線，距離籃框 15 英尺，約 4.57 公尺，離底線內側 19 英尺（約 5.80 公尺）。當發生犯規情況，被犯規球員可以在這裡進行罰球，每次罰球成功可得 1 分。

4.57 公尺
7 公尺
10.9728 公尺

公制與英制的差別

公制單位也稱為國際單位制，是用公厘為單位計算；英制單位則是以英寸為單位計算。在公制單位中，單位的換算是以 10 進位進行，就像是我們學到公分、公尺、公里的單位換算：10 公厘 =1 公分，100 公分 =1 公尺，1000 公尺 =1 公里。

在英制單位中，單位的換算就比較複雜一些了，例如：1 碼 = 3 英尺 = 36 英寸，1 英尺 =12 英寸，1 英尺 = 0.3048 公尺，1 英寸 = 0.0254 公尺。

公制單位的單位轉換雖然是比較直觀且統一，但單位的使用，也和歷史的演變、生活習慣等有關，像是在 NBA 賽事中，也仍然常見英制單位，例如湖人隊的 LeBron James，他的身高是 6 英尺 9 英寸，一般會顯示為 6'9" 或是 6-9，NBA 官方網頁上就相當貼心的在後方標明相等於 2.06 公尺，方便慣用國際單位制的球迷不用換算，一看便知道。

PPG 25.7	RPG 7.3	APG 8.3	PIE 16.9	HEIGHT 6'9"(2.06m)
				AGE 39years

生活中常見的英制單位

逛大賣場時，你有沒有注意過電視或電腦螢幕大小的單位相當特別，是「吋」唷！

市面上販售的螢幕，最常見的就是電視和電腦了，各種尺寸的螢幕應有盡有，我們所指的幾吋電視，說的就是電視螢幕的「對角線長」，1 吋等於 2.54 公分，例如：32 吋電視就是指對螢幕對角線長 81.28 公分的電視。

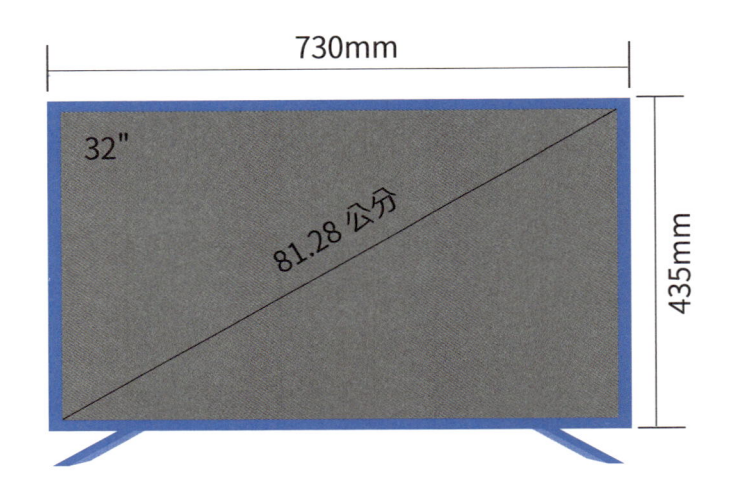

730mm

32"

81.28 公分

435mm

速度

Q17 世界紀錄跑步最快的速度有多快？

我最喜歡看短跑比賽，超刺激、超帥的！

世界上跑得最快的人有多快呢？

世界上跑得最快的人，速度可是比你們想像中還要驚人喔！

100 公尺跑 9 秒 58。

男子 100 公尺短跑的世界紀錄保持人，牙買加閃電「尤塞恩・博爾特」，在 100 公尺短跑中，跑出 9 秒 58 的驚人成績（國際田徑協會公布的精確值為 9.572 秒），換算下來，平均速度高達每小時 37.6 公里！若是從台北跑到台中，都維持同樣速度的話，約 4 小時就能跑到了。

> 尤賽恩・博爾特不但是男子 100 公尺短跑的世界紀錄保持人，同時也是男子 200 公尺短跑、男子 400 公尺短跑的世界紀錄保持人，同時他也是這三項比賽的奧運金牌得主，被譽為「世界上跑最快的人」。

想知道博爾特的速度有多驚人嗎？跟交通工具來比一比！

腳踏車	平均時速約 15-20 公里
博爾特	平均時速每小時 37.6 公里
摩托車	平均時速約 40-60 公里
汽車	平均時速約 60-80 公里
高鐵	營運時速約 300 公里

瞬間速度有夠快！

假設尤賽恩擁有源源不絕的體力、不會感到疲累，那麼他也不需要租借 Ubike，只要靠著雙腳就可以在城市中來去自如，還可以省下停等紅燈的時間，聽起來是不是很棒呢！

不過，這還不是他最快的速度！前面提到的是平均時速，指的是人或物體在一段時間內所移動的距離，這也代表著，在這段時間中，尤賽恩可能有時候跑得快，有時候跑得慢。

但如果是瞬間速度，尤賽恩的紀錄可是足以跌破所有人眼鏡。他衝刺的瞬間，速度甚至高達每小時 47.6 公里，可以輕鬆超越腳踏車、摩托車，甚至追上汽車！這時候是不是突然覺得，人類即便發明了更厲害的科技，但永遠還是有能夠超越科技的人類呢！

台灣 100 公尺的紀錄保持人是誰？

目前台灣 100 公尺最快的紀錄，是田徑運動員楊俊瀚在 2018 年的日本學生陸上競技個人選手權大會上，跑出 10 秒 11 的成績。200 公尺最快的紀錄 20 秒 23 也是由他所保持。

女子 100 公尺的世界紀錄為 10 秒 49，由美國選手佛羅倫斯・喬伊娜所保持。台灣女子 100 公尺的紀錄則為 1970 年由紀政所創下的 11 秒 22，至今還沒有人能打破。

自然界的速度王

其實,若是跟自然界的動物比較,不用說是尤賽恩了,人類打造的這些交通工具,有些遠遠不及牠們喔!

沒想到不管是天上飛的、地上跑的、海裡游的,這些生物經過大自然的淬鍊、打造,演化出令人類驚嘆的能力,若是將自然界的動物們都召喚到運動場上,和博爾特來一場速度競賽,那麼會是誰得冠軍呢?

馬
奔馳時速可達 60-80 公里。

獵豹
衝刺時速高達 110-120 公里,是陸地上跑最快的動物!

遊隼
飛行時速高達 320 公里,是飛得最快的鳥類。

旗魚
在海中游泳的時速可達 90-110 公里,是海中游得最快的魚類。

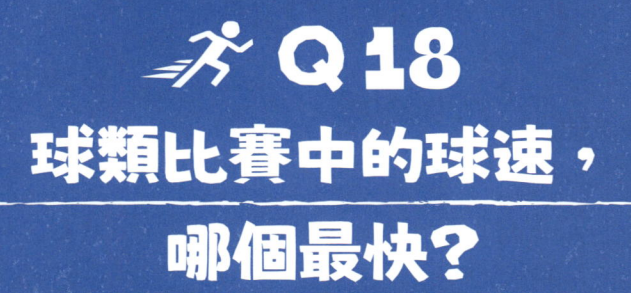

Q18 球類比賽中的球速，哪個最快？

棒球都可以飛好遠，我猜是棒球。

桌球那麼小顆，打起來應該速度才快吧！

不同球種的球速確實差異很大！

我覺得網球發球的速度應該更快吧！

羽球的球速最快。

球類競賽本身的刺激感，是最吸引球迷跟觀眾的因素之一，其中最讓人上癮的刺激感，就是「速度」。棒球場上，站在投手丘的投手揮動手臂，投出如同閃電般的快速球，被有如鷹眼銳利的打者準確擊中，球再以迅雷不及掩耳的速度往場外飛去，這一來一往都發生在極短時間內；網球場上，雙方選手迅速移動步伐，以各種出乎意料的姿勢揮拍，每一次揮擊網球發出的聲響，就知道選手出手的力量有多大；羽球賽中，輕盈的羽球一次又一次的在選手揮拍下，如子彈般在網子上方快速飛梭，更別提桌球選手必須快速捕捉小巧的桌球，並控制力道讓桌球準確落在球桌上得分。

上述的各種球類競賽，選手用盡全力擊出的每一球，快到幾乎讓觀眾的目光跟不上，而這也是運動迷們最喜歡討論跟比較的一個問題：哪一種球的球速最快？

答案是羽球！別看羽球小小一顆，輕飄飄的，在專業選手的猛力殺球之下，羽球的速度可是所有球類運動中最快的！

羽球　殺球時速可達 493 公里，比高鐵還快！
棒球　投出快速球時速可達 160 公里。
網球　發球時速可達 263 公里。
桌球　擊球時速可達 180 公里。

讓我們來看看一些知名選手的最高球速。台灣羽球球后戴資穎，殺球球速可達時速 395 公里。日本知名棒球選手大谷翔平，投球球速可達時速 165 公里。美國網球選手謝爾頓，揮拍擊出網球球速可達時速 239 公里，是目前網球最速紀錄。

球快，接球得更快

沒想到羽球選手的殺球，可以讓輕輕的羽球時速達到 493 公里，從棒球選手手中投出的球，也有時速 160 公里，不過這是從發球方的角度來看，若是接球方可就辛苦了，他們得小心不被球打到，還得想辦法追上球，及時回擊，看起來超困難的！

我們可以從另外一個角度來看，若是把這些球速換算成跑 100 公尺的速度時，接球方有多少時間可以反應？讓我們看看下列的表格吧！

球類	飛行 100 公尺所需的時間
羽球	0.7 秒
棒球	2.2 秒
網球	1.3 秒
桌球	2 秒

這些球速可以說是迅雷不及掩耳耶！

試想看看，當羽球還在對方場上，你只有 0.7 秒的時間可以觀察對手的動作與球路、思考該往哪個方向跑，接著做出動作接球，這麼短的時間內有辦法完成這麼多繁複的動作嗎？由此可見，運動場上的選手們有多厲害了吧！

讓人措手不及的 Ace 球

提到速度的話，就一定要知道「Ace」。「Ace」在不同的球類比賽中有不同意義，網球比賽中的「Ace 球」，是指發球的一方將球直接打在對方的有效區域內，而對方的球拍沒有接觸到球，就能被判定為「Ace 球」。在許多網球比賽中，也會計算選手們單場打出多少 Ace 球，打出越多 Ace 球的選手，也象徵著有辦法擊出快速、強勁且讓人來不及反應的球。

棒球比賽中的「Ace」，指球隊的王牌投手，既然能成為王牌，球速自然不在話下。而排球比賽中的「Ace 球」和網球雷同，也是指發球時，將球直接打在對方的有效區域內得分。

我也要當 Ace 投手！

你是幫助我打出 Ace 球的投手吧！

Q19 在水上比速度,哪一個運動最快呢?

我記得科學科技篇中說,風帆的速度可是比風速還快呢!

在開放水域,就一定要提到輕艇和風帆這兩大看點了。

我選輕艇,輕艇選手們都好帥哦!

用船體競賽的奧運項目，速度也很快。

奧運賽事中的游泳項目，一直深受許多人的熱愛與期待，除了能看到外型亮麗、體格健壯的各選手，還能看到選手們在水中奮力游動，爭取最短時間的游泳成績。

其實奧運還有其他跟「水」有關的賽事，而且速度可是游泳選手們遠遠比不上的，那就是輕艇和帆船。

輕艇選手比力氣

輕艇選手們會搭坐在一艘輕巧的小船上，利用划槳的方式前進，看誰最快抵達終點就能得勝。聽起來很像是划龍舟般的競賽對吧！其實輕艇有諸多分類。像是以水道來分類，就有「靜水競速」和「激流」兩種賽道。顧名思義，「靜水競速」就是選手們在平靜的河面上划動輕艇，最快抵達終點者獲勝；而「激流」可就沒這麼簡單了，選手們必須在湍急的河面上划船，要一邊抵抗水流，一邊穩定方向，通過一道道的水門，最快抵達終點的人獲勝。

以姿勢來分類，可分為加拿大式的划艇，簡稱 C 艇，與愛斯基摩式的皮艇，簡稱 K 艇。使用 C 艇的選手必須以屈膝跪姿跪在船上，拿著單面槳划船來進行賽事；而 K 艇的選手則是坐在船上，手持雙面槳進行賽事。

帆船選手比操控能力

而看起來悠閒又浪漫的帆船也是相當不容易,選手們必須在開闊的海面上,運用風的力量,操控著船帆,以「之」字形的方式前進抵達終點,各國好手駕著帆船,一字排開在海面上,場面極為壯觀,但要如何在眾多帆船中殺出重圍,勇奪第一的佳績,就是另一大難題。

哪個速度快?

雖然輕艇和帆船各自在不同場域進行賽事,但也有很多人好奇:「到底誰的速度比較快呢?」有人認為一定是輕艇,選手賣力的划動船槳,船移動的速度肯定比帆船快多了吧,讓我們來比較一下吧。

輕艇競速	帆船
時速達 20 公里以上	時速可超過 100 公里
跟騎腳踏車一樣快。	跟跑車一樣快。

速度的單位——節

計算船體在水上運行時的速度，有一個很特別的專有名稱，叫做「節」。為什麼會有這個稱呼呢，原來是19世紀的水手們，為了計算船隻航行的速度與距離，用很長的繩子，在上面打了一個一個節，在船隻航行時於船尾放下。

一節指的是船體一小時航行了一海里，相當於1.852公里，一般的貨船或是郵輪平均時速大多都在20至25節左右，也就是時速大約是37～46公里，而帆船大約是50節的時速，聽起來是不是厲害多了呢！

航海要學的知識好多啊！

Q20
競速自行車的速度有多快？

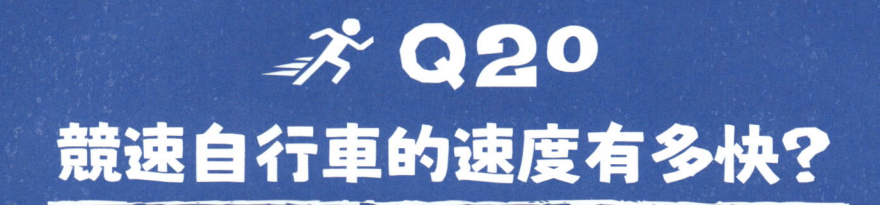

我記得自行車下坡的速度也超快的！

會比一輛時速70公里的汽車還快嗎？

環法自行車賽的時速最快可以達到80公里，甚至更快！

競速自行車的下坡時速**超過 80 公里**。

　　自行車的迷人之處，在於它能結合人力，卻又可以省力，不需要耗費大量氣力就可以前行到好遠好遠的地方，用氣定神閒的優雅姿態看遍美麗風光，而且還可以揮灑汗水，達到運動的效果。

　　但是正式比賽中的自行車可就不是這種模樣了。不論是奧運的個人計時賽、公路賽，抑或是最著名的環法自行車賽，選手們不是抱持著看美景或是有氧運動的心態踩著腳踏板前進，而是賭上自己的尊嚴，使盡全力，即便把全身力氣都用完，也要以最短的時間到達終點。

　　有了上述的差異，自行車賽選手們拚命踩出了令人無法想像的速度，以環法自行車賽為例，選手們在平路上的衝刺時速最高紀錄是 80 公里，下坡的時速最高更達到 120 公里，騎完全部路線的平均時速為 40 公里。

進行 23 天的體力考驗

　　或許你會覺得，「什麼，才 40 公里，也沒有很快嘛！」可是別忘了，一般人騎乘自行車時速大約在 15 到 25 公里之間，環法自行車選手的平均時速幾乎跟一台摩托車在路上行駛的速度一樣，更何況比賽不是短程路線，而是分為好幾天，好幾站，環繞法國的路線。選手們每天需要挑戰的地形都不一樣：可能是平坦容易加速的平路，也會有上上下下的緩坡，或

是陡峭的山路。所以選手們必須全盤考量，在擅長的路段上傾全力前進，並且懂得在不擅長的路段保留體力，且不至於落後的速度，這樣的配速概念，跟馬拉松有點類似呢！

時速可超過 80 公里　　　時速 30 公里以上　　　時速 15-20 公里左右

因為快，所以要更安全

早期的環法自行車賽，選手們是不需要戴上安全帽，但在 1995 年的賽事中，有選手在比賽進行中摔車身亡後，選手們要不要戴安全帽的話題便浮上檯面，雖然有人願意戴著安全帽，但是由於當時的安全帽設計並不進步，又重又不通風，所以大部分選手都還是拒絕戴著安全帽上路。

直到 2003 年的賽事，又有一位選手在比賽時身亡，於是大會便強制規定所有選手必須戴上安全帽。

超高速的 F1 賽車

除了自行車比賽，其他高速運動也有類似的安全措施。例如，F1 賽車的時速可以超過 300 公里。可別以為坐在車體內，車手就可以輕輕鬆鬆踩著油門哼歌抵達終點，在高速行進之下，他們還必須抵抗「G 力」。

所謂的「G 力」，是指在高速行進時，因為改變速度或是方向，必須承受的重力。根據紀錄，賽車手最高必須承受 6.5G 的 G 力。

也就是說，若是賽車手體重為 70 公斤重，他在高速轉彎時，身體就會受到一股 455 公斤 (70x6.5) 的力道擠壓。所以為了保護車手，賽車有堅固的車體結構、安全帶和防滾架等裝置，還有在賽道旁，也會有醫療團隊隨時待命呢！

邏輯與幾何

Q21 分組循環賽、單淘汰賽，總共要比幾場比賽？

世足賽一開始比分組循環賽，要打好幾場哦！

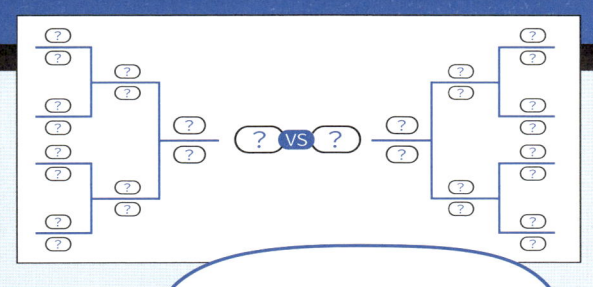

比賽因為規則有不同的賽制，賽制也可能會影響比賽的結果呢！

到了 16 強就採取單淘汰賽，想要得冠軍，不知道要踢幾場球賽？

影響比賽結果的賽制

在觀賞奧運賽事時，競賽場上的選手揮汗的神采，眉宇之間展現出的專注與自信，都不由自主的散發出一種強者的氣勢。沒錯，能夠來到奧運場上的所有運動員，肯定是各領域專項運動中的佼佼者，來為自己的國家爭光。

但是，只看選手的實力，就能決定勝負嗎？這可就很難說了。

在運動場上競賽，有時候也得靠運氣！聽到這裡，一定很多人會不服氣，若什麼都靠運氣，這樣的比賽哪裡好看？但是，這的確是不爭的事實，運氣的確就是各種意外，小至個人，可能選手在上場時突然肚子痛，或是在跑步時突然扭到腳，為了救球而導致身體拉傷、扭傷等等，這些都可能影響到比賽結果，而更大的運氣，則是遇到的對手！

假設，一組實力中等的隊伍，遇上實力強的隊伍，很大機率會被淘汰而無法晉級，但這組實力中等的隊伍要是碰上實力較弱的隊伍呢？得勝的機率肯定大增，這就是「賽制」讓人又愛又恨之處。

常見的賽制

在奧運比賽中，除了跑步、自行車這類，由一大群選手同時出賽奪名次的賽制外，在團體比賽中，較常見的是單淘汰賽、分組循環賽這類的賽制。而不同的賽制也會有不同的影響，其中影響最大的就是比賽的次數。

讓我們以學校舉行躲避球賽為例，假設四年級總共有 4 班，每一班派出一隊參加躲避球賽，若是用單淘汰賽或是分組循環賽的賽制，總共會有幾場比賽？

單淘汰賽

又叫做單敗淘汰賽，是比賽中非常常見的賽制，將參賽者安排兩兩比賽，贏的晉級，輸的就淘汰。晉級的選手或隊伍再分別對賽，直到產生冠軍。假如 4 個班級比賽躲避球，1 班與 2 班對戰、3 班與 4 班對戰，產生出贏的班級為 1 班與 3 班，它們便晉級到下一場對戰，這時已是冠亞軍之戰。若這兩班對戰，贏者是 1 班的話，那冠軍就是 1 班。通常採取以下的圖表呈現，會更清楚：

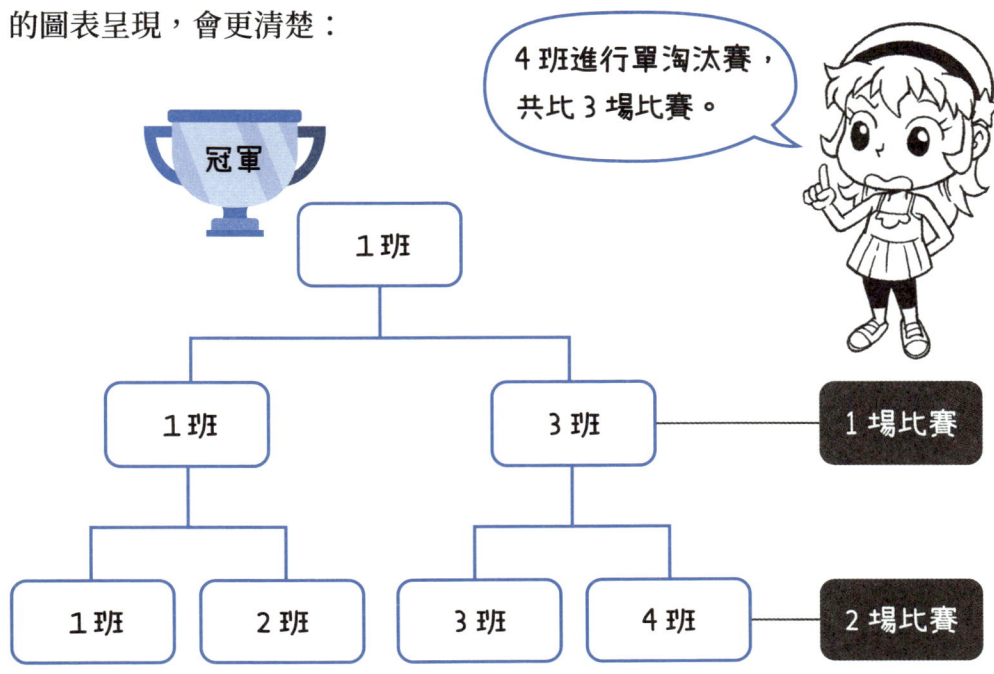

> 4 班進行單淘汰賽，共比 3 場比賽。

分組循環賽

意思是每一隊都必須相互比賽過一次，最後得勝的次數或是積分最多的隊伍為冠軍，可用以下的圖表呈現。

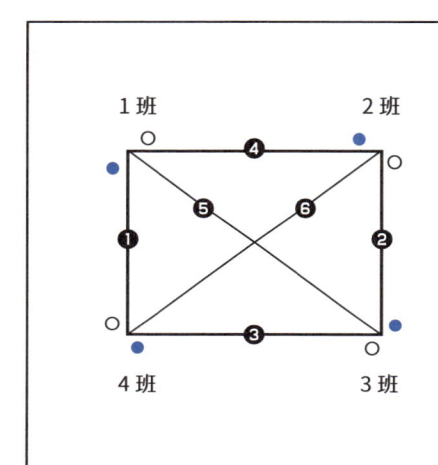

場次	先攻 ●	後攻 ○
1	1班	4班
2	3班	2班
3	4班	3班
4	2班	1班
5	1班	3班
6	2班	4班

> 4班採分組循環賽，除了自己，要分別與其他3班比賽，扣除掉重複的對戰，共比6場比賽。

雙敗淘汰賽

除了這兩種常見的賽制，還有一種比較特別的 雙敗淘汰賽。這種賽制就像給了選手們一次復活的機會，輸了一場比賽還可以繼續參加敗部比賽，爭取敗部冠軍，再進入勝部爭奪總冠軍。雙敗淘汰賽的場次會比單淘汰賽多一些，但比分組循環賽少，是一種兼顧公平性和效率的賽制。

Q22
運動攀岩得分越少的才是贏家？

哇！海莉老師連攀岩都會！

運動攀岩有很多賽制，它的計分也很特別喔！

攀岩比賽也是比速度嗎？

唯一用**乘法計算名次**的項目

　　室內攀岩運動是近幾年來席捲世界各地的極限運動，攀岩看起來單調，其實趣味十足，挑戰者面對一大片的高牆，看著牆面上大大小小、奇形怪狀的岩點，得思考如何攀爬、哪個岩點適合踩、哪個岩點抓得住，進而抵達終點。這項運動不但考驗肌力、耐力、還有手臂的握力，以及身體的協調，更重要的是，還需要動腦思考。

動手動腳又動腦的運動

　　也就是因為兼具運動與燒腦的挑戰，運動攀岩在 2020 年成為奧運的比賽項目之一，其中又分為速度賽、先鋒賽以及抱石賽。

　　速度賽顧名思義，就是比速度，大會會在賽前就公布攀岩的路線，所以選手們可以先思考自己該如何攀爬，以最快的速度抵達終點。而先鋒賽則是在比賽開始時，大會才會公布路線，攀岩的路線中有數十

個岩點，每個岩點為 1 分。選手有 6 分鐘的時間可以觀察路線，思考自己該如何攀爬，才能在這個路線中抓取最多的岩點，得到最多的分數。攀爬時間也為 6 分鐘。先鋒賽取得分最多的選手勝利，若是分數相同，就是攀爬時間最短的選手獲勝。必須得分最多、同時又得時間最短，先鋒賽可說是刺激度滿分。

不過抱石賽項目的精采程度也不在話下。這個項目的高度是所有項目中最矮，只有 4 公尺高，且不只一條路線。選手們只有在比賽開始時才能知道路線，在 4 分鐘的時間內，選手們必須卯足全力，試著在有限時間內完成最多的路線。

用乘法算出冠軍

既然運動攀岩有三種項目，那麼該怎麼決定誰得冠軍，萬一每個項目的冠軍都不同人，難不成要這三位冠軍再比一次嗎？

這時候乘法就派上用場了。大會規定，將三個項目的成績相乘，數字最小的就是運動攀岩的冠軍。

	小林	海莉
速度賽	第二名	第二名
先鋒賽	第一名	第二名
抱石賽	第三名	第一名
	2×1×3=6	2×2×1=4

2024 奧運改變計分方式

　　由於以乘法計算名次的方式讓人覺得不公平，只要有一個項目失利，就會影響所有項目的名次，也因此衍生出許多爭議，所以在 2024 年的奧運，運動攀岩改變計分方式，將速度賽獨立為一個項目，速度最快的就是冠軍。

　　抱石賽和先鋒賽仍然合併計分，以積分制來計分。得分最多的就是冠軍。抱石賽有四條路線，每條路線為 25 分，只要成功爬完就能獲得 100 分，但在攀爬過程中，選手在前往下一個位置時產生失誤，就會被扣 0.1 分。

　　先鋒賽則是計算步數，登頂前的 15 步每一步得 5 分，16 至 25 步每一步 2 分，26 至 30 每一步 1 分。30 步之後不列入計分，最高分為 100 分。抱石賽與先鋒賽的滿分總分為 200 分。

　　由此可見，運動攀岩不但考驗體力、耐力，還考驗腦力，選手們得一邊拚速度，還得一邊算數學，可說是頭腦並用的競賽呢！

還要算數學，我放棄……

Q23
巴黎週日下午 6 點的比賽，台灣幾點才能看到？

法國巴黎　　台灣台北

我最愛的女子競技體操，竟然是在下午 6 點……

6 點剛剛好啊，你是怕吃不下晚餐嗎？

派派說的是巴黎當地的時間，和台灣可是有著 6 小時的時差呢！

夏天台灣的時間比巴黎快 6 小時

　　每到世足賽、奧運或是其他國家的職棒賽在歐美國家舉行時，小朋友如果在半夜起床上廁所，可能會發現：咦，爸爸媽媽怎麼還不睡覺，竟然在客廳看電視！這並不是爸爸媽媽想要熬夜看比賽轉播，而是轉播比賽的國家位在和台灣不同的時區，他們的白天，是台灣的半夜，因此想第一時間看到比賽過程的粉絲，就只好半夜不睡覺看轉播了。

　　以 2024 巴黎奧運為例，法國使用歐洲中部標準時間，位在協調世界時間（UTC）的 0 和 +1 時區；而台灣位在 +8 時區，意思是比協調世界時間快 8 小時。不過，因為歐洲配合夏天晝長夜短的夏令時間，要再提早 1 小時，也就是夏天的時間以 +2 的時區來計時，因此 8 減 2，台灣的時間就比巴黎快了 6 小時。

世界分成好幾個時區

　　時間是古人觀察太陽升起和降落的規律而形成，太陽升起就是白天，太陽降落就是夜晚；記錄一日、一週、一月，甚至一整年而歸納出曆法，也發明了日晷來計時……不過，我們後來知道世界很大，其他國家位在地球不同的地方，他們看到的日出日落，和我們看到的並不是同一時間的日出日落，各國使用著自己規範出來的時間。

19 世紀，因為各國交流逐漸頻繁，才以地球自轉一周 24 小時的規則，將地球劃分 24 個時區，每個時區跨越 15 度經度，並以中央經線，就是 0 度經線為標準，位在同一個時區的國家使用同一個時間，隔一個時區，就相差 1 小時。0 度經線往東，就是時間比較快的國家；0 度經線往西，則是時間比較晚的國家，這是因為太陽從東方升起，逐漸往西方降落。

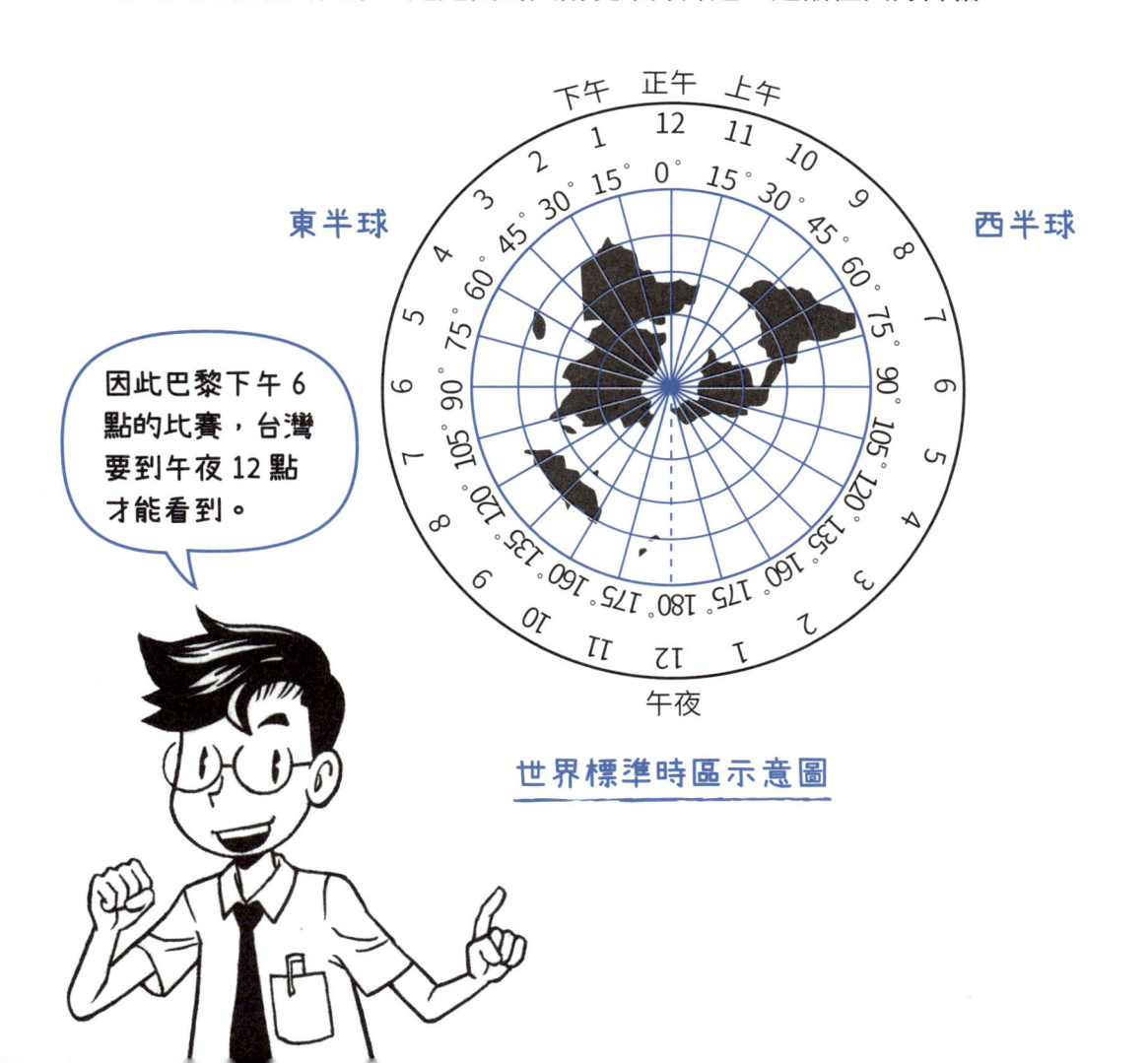

因此巴黎下午 6 點的比賽，台灣要到午夜 12 點才能看到。

世界標準時區示意圖

一個國家好幾個時區

　　有了時區的劃分，我們前往其他國家就可以快速轉換時間，不過，你發現了嗎？國土面積廣大的國家如俄羅斯、中國、美國等，就橫跨了好幾個時區，它們會使用不同的時間嗎？目前的時區劃分的確不是完全以經線為主，有些國家以國界線來劃分，全國統一時間如中國就以北京所在的時區時間為主，而美國則有西部時間和東部時間。因此時區線的形狀並不是規則的經線條，而是沿著國家領土的國界彎彎曲曲。

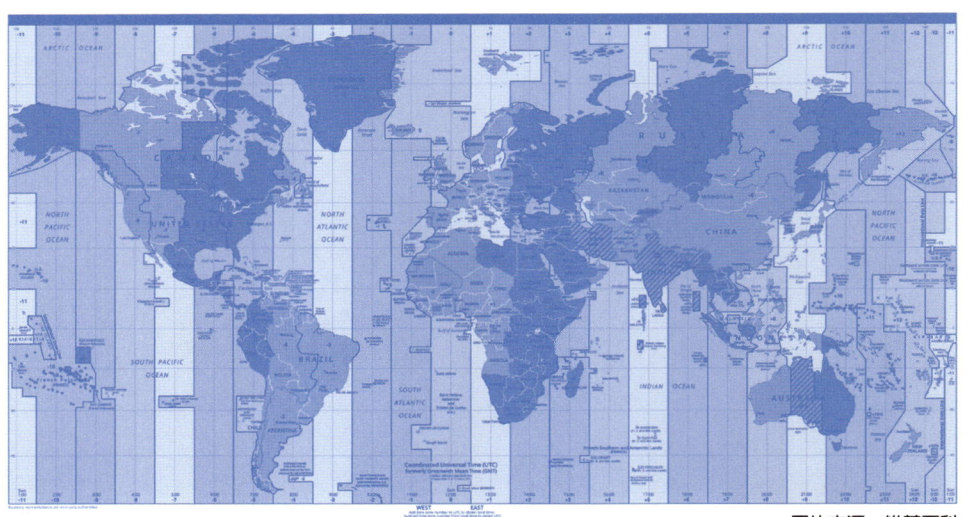

圖片來源：維基百科

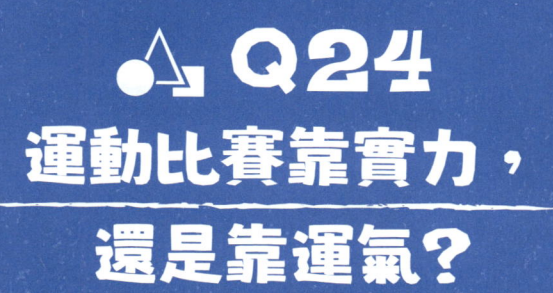

Q24
運動比賽靠實力，還是靠運氣？

當然是靠實力啊！強的人一定能贏得比賽！

我覺得運氣可能也會影響比賽結果⋯⋯

實力　運氣

不管運氣好不好，實力一定要好的啊。

運氣不可預測，但實力可以累積

　　在某些體育項目中，要贏得比賽，很大部分要依靠選手長期鍛鍊累積的實力，例如個人項目的跑步、游泳、跳高，或圍棋等，能夠影響結果的運氣因素很低。而某些體育項目的比賽過程，的確看似有著運氣的成分，例如抽籤分組，如果弱隊遇到強隊，就會嘆運氣不好，可能很快就會面臨淘汰；團體運動項目如足球、棒球等，如果隊上的王牌受傷無法上場，可能也會覺得運氣不佳吧！不過「運氣」本來就是不可預測的，如果沒有實力只想依靠運氣獲得冠軍，就好像從來都不練習跑步，卻希望比賽選手的腳都受傷一樣，是不可能的。

運氣超背的「死亡之組」？

　　每當有大型國際運動比賽舉辦時，要如何分配比賽流程，是非常考驗舉辦單位的智慧，例如世足賽，32個國家會先依實力以及地理區域分成種子隊伍，再從各種子隊中抽籤分成8組進行分組循環賽，這是為了避免讓實力強，以及同一洲的國家落在同一組。不過，聽到抽籤兩字，就知道不免還是會有「命運之神」的手介入，有時候會聽到大家說「死亡之組」出現，也就是實力最佳的強隊落到同一組，比賽過程就會非常精采，結果令人難以預測。各國還會預測其他組別可能晉級的國家，推測可能會遇到的隊伍。

每次比賽的結果都難以預測

以 2014 年的世足賽小組賽 F 組為例,每隊都要踢三場球,勝場得 3 分、和局得 1 分,負場 0 分,以最高分的前兩隊晉級。以下是各比兩場的積分,如果不考慮得失分,你認為哪兩隊晉級的機會比較大呢?

隊伍	勝場	負場	和局	得分
阿根廷	2	0	0	6
奈及利亞	1	0	1	4
波赫	0	2	0	0
伊朗	0	1	1	1

(兩場的比數分別為阿根廷對波赫 2:1、伊朗對奈及利亞 0:0、阿根廷對伊朗 1:0、奈及利亞對波赫 1:0)

> 我認為阿根廷和奈及利亞晉級機會比較高,因為第三場球如果是波赫勝的話,積分有 3 分,不影響結果;如果是伊朗勝,就和奈及利亞同分。

> 看起來比完第 3 場,第 2 名積分可能會改變晉級的結果呢!

確認晉級則保留實力

想一下,如果你是足球員,在一個國際比賽中,進行分組賽時,你的隊伍已經贏了兩場,和其他的隊伍積分相比,已經確定晉級,但是你還需要再打一場比賽。那麼這場比賽你會盡全力打贏,還是保留體力和實力,留到晉級賽的時候呢?

> 像這樣的情況並沒有違反比賽規則,例如有些團體運動的比賽隊伍在確定晉級後,會讓不是那麼有經驗的選手上場,增加國際比賽的經驗。

策略性的比輸，可以嗎？

再想想另一個情境：你是羽球選手正在進行分組循環賽，這一場比賽如果贏了，接下來會遭遇比你強的對手，如果輸了，接下來的對手比較弱，那麼你會選擇盡全力打贏，還是故意打輸呢？

2012 年的倫敦奧運羽球賽發生了一件違反運動精神的事件，女子雙打比賽的其中一場，比賽時兩隊的選手都很明顯的故意打錯球，例如打出界、不打球等，想輸掉比賽，以讓自己在下一場遇到比較弱的隊伍，增加晉級的機會。結果觀眾和裁判都發現了他們的行為，裁判要求他們不可以不積極比賽，但是他們仍然選擇「輸球」的打法。最終觀眾不滿看了一場難看的比賽，而這 4 位選手最後被判取消比賽資格。

Q25
棒球選手上場的順序為什麼沒有按照他們的球衣背號？

奇怪，棒球一隊9名，為什麼球衣號碼還有兩位數？

這你就不懂了，球員的號碼可是有特殊意義的呢！

棒球選手的球衣號碼已經變成代表選手的符號，和比賽進行無關哦。

棒球選手的球衣背號和上場順序無關

　　棒球比賽的防守方上場球員一共有 9 名，每個守備位置都有一個對應的號碼及英文代號，便於記錄成績，分別是投手 1 號、捕手 2 號、一壘手 3 號、二壘手 4 號、三壘手 5 號、游擊手 6 號、左外野手 7 號、中外野手 8 號和右外野手 9 號。但是你看每一隊上場的守備球員，他們球衣的背號都不一樣，而且和守備位置所代表的號碼也沒有對應。再看攻擊方上場打擊的球員，棒次也和他們的球衣背號無關，這是為什麼呢？

棒球場的守備位置和守備球員的對應圖

	英文代號	代表數字
投手	P	1
捕手	C	2
一壘手	1B	3
二壘手	2B	4
三壘手	3B	5
游擊手	SS	6
左外野手	LF	7
中外野手	CF	8
右外野手	RF	9
指定打擊	DH	

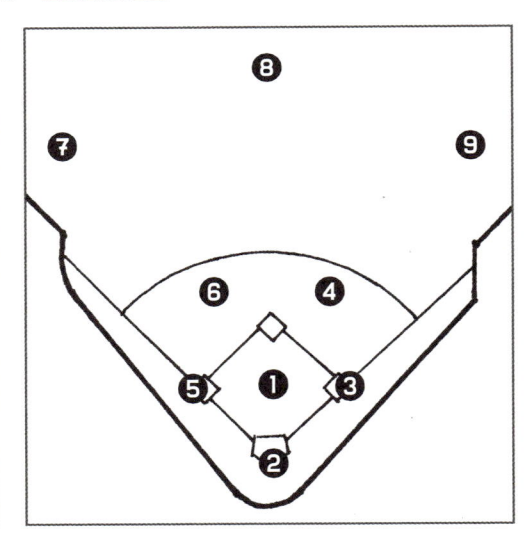

　　運動比賽使用背號已經是 20 世紀的事情，尤其以團體運動作為辨識球員的功能最常見，例如美式足球比賽中，球員穿著全身的防護裝備，很難分得清誰是誰，過程中也常常撞在一起，裁判要辨識球員，就得依賴他

們上衣胸口非常明顯的號碼。不過也有的運動並不是這麼依賴球衣號碼，例如棒球。

最早的棒球球員沒有個人號碼

以美國大聯盟為例，早期棒球選手的球衣上是沒有個人號碼的，球迷都是認球員本人。到了 1916 年，克里夫蘭印地安人隊首先在球衣的袖子上印上號碼，1929 年，紐約洋基隊則是第一支將球員號碼印在球衣背後，那時還是依照棒次順序來編號；後來球衣號碼的規則越來越隨興，也會依照球員的喜好來選擇，就成了現在屬於球員的專屬號碼了。

1916 年，克里夫蘭印地安人隊代表球員的號碼是印在球衣袖口上。
圖片來源：維基百科

球衣號碼的意義

美國大聯盟和中華職棒的球衣背號代表的是個人，不過日本職業棒球的球衣背號則是有不同的意義。例如在傳統上日本職棒的球隊，通常 1～10 號代表著主力野手、11～20 號代表主力投手。1、3 號一般都是強棒，7 號一般都留給盜壘型球員，27 號則是球隊的主力捕手。也有因為表現傑出而獲得球隊同意改背號的情況，例如台灣選手陽岱鋼，就曾經從原本的 24 號改為 1 號。

各類球隊的背號祕密

　　足球首次以球衣編號作為識別是在 1928 年，和棒球的背號出現時間很相近，不過足球在歷史上多年來使用 1～11 號作為上場 11 人的識別號碼，後備球員則使用 12～16 號。通常 1 號為守門員，2～5 號為後衛，6～11 號為中場及前鋒，知名的右翼鋒貝克漢、C 羅都是 7 號，中場的梅西、內馬爾則都是 10 號。

　　國際籃球總會規定籃球比賽的球衣號碼要從 4 號開始，因為要避免與籃下 3 秒的規則混淆，球員名單有 12 名，因此球衣背號為 4～15 號。有趣的是，在不少的美國大學及高中的籃球球隊，可以使用 0 和 00 這兩個號碼。

我要成為和梅西一樣的超強中場！

球衣號碼當然是要獨一無二呀！

Q26
棒球轉播時，螢幕上呈現的球隊和選手數據是什麼？

LIVE

王小凱

AVG	打數	安打	全壘打	打點	上壘率
.265	102	27	1	1	.3480

怎麼有一堆數字在球員的名字下面，那些數字是什麼意思？

我想那應該是球員的表現紀錄吧！

沒錯，每個球員的比賽表現，都會被記錄下來，並且透過統計，計算成數據讓球迷朋友參考喔！

統計球員的比賽成績，把**表現量化成數據**。

一些比賽如棒球、足球比賽等，當球員上場時，螢幕上會出現他的相關數據，讓球迷了解他的優勢，期待比賽有好成績。這些數據是怎麼來的？透過球隊將球員與球隊成績長期的記錄，並且統計整理而來。以棒球運動為例，統計是非常重要的工具，透過各種數據對比賽做表現的分析與討論，或做為比賽策略的參考。

這些數據代表什麼意思呢？

我們先來讀懂一個以球隊勝敗次數計算的數據——「勝率」，這是一個決定最終冠軍隊伍的關鍵數字，用來計算球隊戰績。棒球比賽會有「勝」、「敗」或「和」（平手）三種結果，勝率的計算不考慮「和」的場數，計算方式為：

$$勝率 = \frac{勝場數}{勝場數 + 敗場數}$$

以統一獅為例，勝率就會是 $\frac{37}{37+23} = 0.61666667$

（中華職棒 2024 年上半季戰績）

排名	球隊	出賽數	勝 - 和 - 敗	勝率
1	統一 7-ELEVEn 獅	60	37-0-23	0.617
2	樂天桃猿	60	33-0-27	0.55
3	中信兄弟	60	32-0-28	0.533
4	富邦悍將	60	29-0-31	0.483
5	味全龍	60	26-0-34	0.433
6	台鋼雄鷹	60	23-0-37	0.383

四捨五入是什麼？

為了讓數據看起來更好閱讀，我們常常採用四捨五入的方法，讓各個數據統一維持一樣的位數。如果小數點後第四位是 0、1、2、3、4，就直接捨去，如果小數點後第四位是 5、6、7、8、9，進位讓第三位加 1。

0.6166
↓
0.6170

球員個人數據要怎麼看？

當電視上正在轉播棒球比賽，每當球員準備上場時，螢幕上就會出現這位球員的比賽數據。打擊球員和投手的數據呈現不一樣哦！

AVG	打數	安打	全壘打	打點	上壘率
0.265	102	1	1	10	0.348

我們來看看常見的球員數據：

◎ **AVG 打擊率（Batting average）**

評量打擊球員成績的重要指標，計算方式是選手擊出的安打數除以打擊數，不論短期賽或長期職棒賽，都把該隊打擊率最高的球員視作打擊王，並設獎項鼓勵。

$$打擊率 = \frac{安打數}{打擊數}$$

◎ HR 全壘打（Home Run）

全壘打的打擊總數。

◎ RBI 打點（Run Batted In）

打者藉由每次打擊，使壘包上的跑壘者或打者本身都跑回本壘得分。

◎ OBP 上壘率（On-Base Percentage）

代表一個擊球員能夠上壘的能力。

公式中的四壞球和觸身球統稱為「保送」。上壘率和打擊率的最大差別就在於保送，而保送的次數和球員的攻擊策略有很大的關係。

$$\frac{安打＋四壞保送＋觸身球}{打擊數＋四壞保送＋觸身球＋高飛犧牲打}$$

◎ ERA 防禦率（Earned Run Average）

投手平均每場球所失的責任失分，分值越低則代表投手表現越好。

$$\frac{自責分 \times 9}{所投局數}$$

ERA	WHIP	出賽（先）	救援	被安打	被全壘打
8.65	1.29	10(7)	0	22	1

在棒球統計裡有將近 80 種數據，這些數據記錄著每場比賽的每一次的揮棒、跑壘情況和每顆投球等等的表現，當我們學會解讀這些數字時，這代表著我們又更瞭解了棒球一些。比起說出：「我覺得這個投手看起來很厲害。」，你也許能學會說：「看看這個投手的 AVG 打擊率和 ERA 防禦率，他果然是我最欣賞的球員！」。

Q27
起點不同的跑步比賽，公平嗎？

為什麼派派起跑位置比我前面？

因為我的跑道比你的跑道還外圈，跑的距離會比較長。

沒錯，這可是半徑田徑場上經過數學計算出來的位置哦！

田徑場上標示不同的起點，就是為了公平性。

如果比過大隊接力，你一定知道，排在第二棒的選手通過搶道線之後就可以開始搶內圈的跑道，之後的選手除了要超車，也會跑在內圈跑道。這是因為我們都知道內圈跑道的距離一定比外圈跑道還短。因此為了公平性，除了100公尺短跑是在直線上完成，其他需經過田徑場半徑彎道的跑步比賽，起跑的起點都不一樣。

標準田徑場的內圈和最外圈相差了56公尺！

一個標準的400公尺田徑場，是由兩個長度為115.61公尺的半圓跑道，和兩個84.39公尺的直線跑道所組成。400公尺指的是內圈跑道內緣的長度，如果田徑場規劃了8條跑道，每個跑道寬約1.22公尺，由於越往外圈的圓半徑越大，弧長就越長，那麼從第一跑道到第八跑道，兩條跑道的距離會相差56公尺那麼多！

跑道	第一道	第二道	第三道	第四道	第五道	第六道	第七道	第八道
全長	400公尺	408公尺	416公尺	424公尺	432公尺	440公尺	448公尺	456公尺

起跑點不同，但終點都一樣

　　田徑比賽項目大多在跑道上進行，有 100 公尺、200 公尺短跑，400 公尺、800 公尺、1500 公尺及 5000 公尺賽跑，此外還有跨欄、障礙賽以及大隊接力。你發現了嗎？這些距離不同的比賽，終點卻都在同一個地方，這是為了讓大家看到選手一起衝刺終點的結果，如果有觀眾席的話，終點一定是放在靠近觀眾席的那一側哦。

　　不同距離的賽跑，為了公平性，以及終點都在同一處，經過數學的計算，來標示每條跑道的起跑點。以 200 公尺賽跑為例，跑道包含一個半圓及直線距離，因此第一跑道為彎道 115.61 公尺 + 直線段 84.39 公尺，之後每往外一圈的跑道起跑點，都比前一個跑道往前約 8 公尺，才能讓每條跑道的選手都是跑 200 公尺。

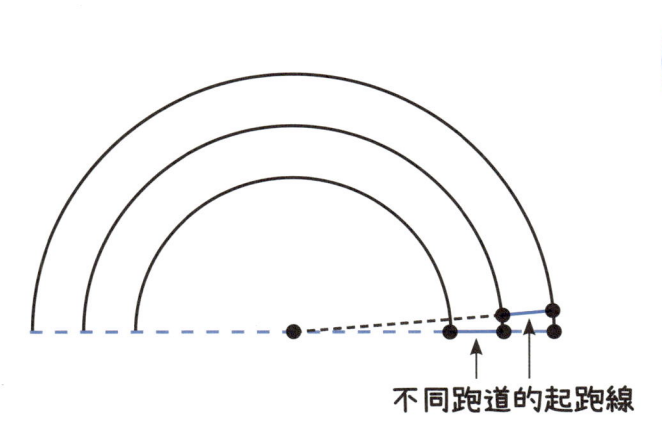

有人用數學算得公平，那就好了！

不同跑道的起跑線

田徑場上的各種線條

　　一個標準的田徑場上，除了跑道線，還有一些弧線、橫線的標示，那些是什麼意思呢？每條跑道上的橫線，一般是 200 公尺、400 公尺、800 公尺的起跑線，200 和 400 公尺的選手需要在自己的跑道上跑完。而弧線是長距離跑步比賽的起跑線，有時候還會因為人數過多，選手需要分成前後兩批起跑，而有兩條起跑線。800 公尺以上的賽跑，選手需要依照規則搶內圈跑道。

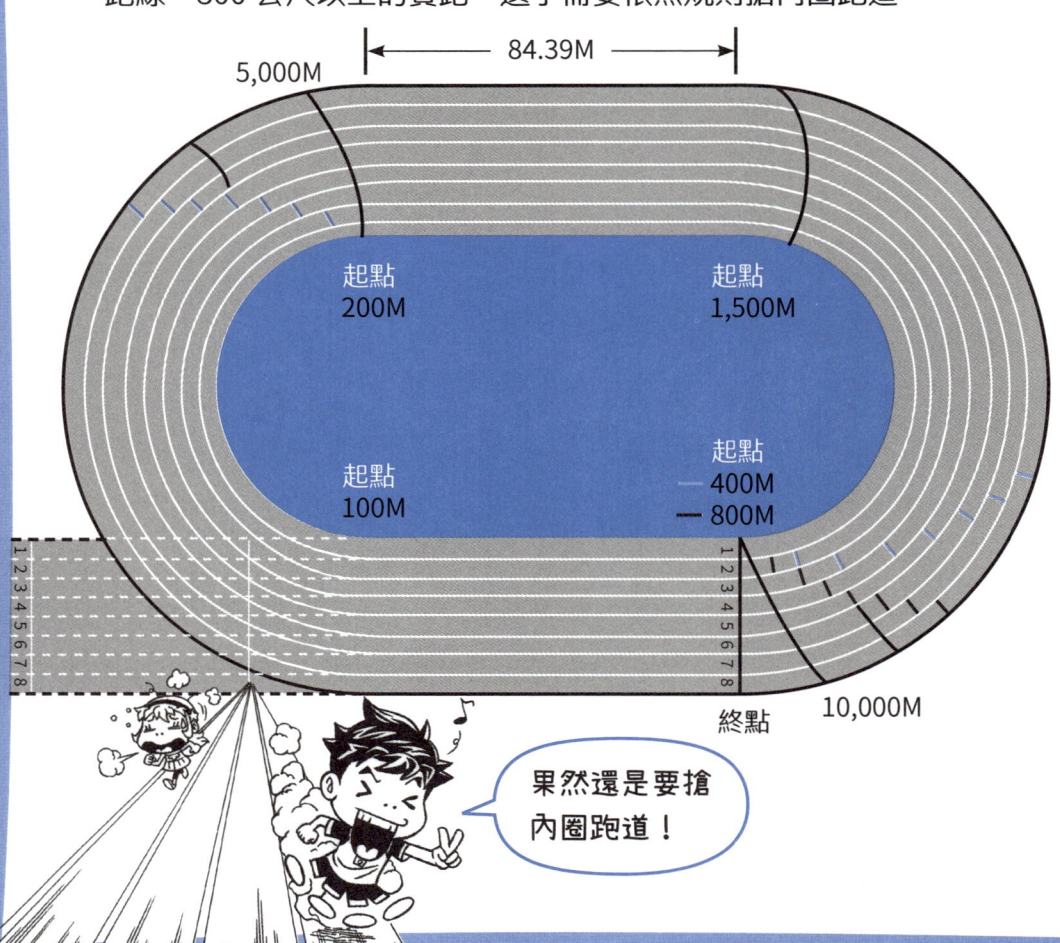

84.39M

5,000M

起點 200M

起點 1,500M

起點 100M

起點 400M 800M

終點 10,000M

果然還是要搶內圈跑道！

Q28
各種球類運動的球都是圓形？

球還有別的形狀哦！

真是不可思議，圓圓的球竟然有這麼多種玩法。

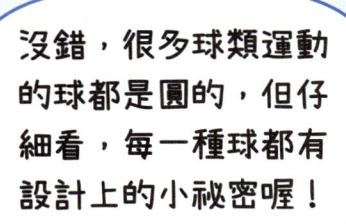

沒錯，很多球類運動的球都是圓的，但仔細看，每一種球都有設計上的小祕密喔！

球的形狀各有功能

球類運動的世界五花八門，各式各樣的球有不同的大小、不同的紋路、不同的材質，不過，在比賽過程中，觀眾們大多只聚焦在運動員的表現以及賽事的進行，很少會去注意到球的本身，這次，讓我們把球當成主角吧。

請閉上眼睛想想看，平常看到的球，大部分是什麼形狀？這個答案實在是太簡單了，有一半以上的人一定會立刻回答：「圓形。」

沒錯，大部分的球都是圓形，可是這些圓形的球又有各自獨特的構造喔。例如，圓形的籃球、圓形的足球，以及圓形的高爾夫球就各自有不同的設計。

增加摩擦力的球

籃球比賽進行時，籃球員必須原地運球、快攻、或是投籃，仔細拆解這些動作，不難發現籃球為了讓比賽更順暢的進行，一定要有兩大特點。第一點是摩擦力要夠，這樣才能防止運球時接觸到地面就滑開了；第二點是一定要好拿，讓籃球員在運球或是投籃過程中更順手，綜合以上的要點，就構成了現在的籃球。

籃球的表皮也有兩種，仔細摸摸看，有一種籃球表面摸起來會有粗粗的顆粒感，這種球適合在戶外的球場使用，由於戶外灰塵較多，球面上的顆粒可以增加摩擦力，使球員運球時不受灰塵影響，更好運球。不過現在

大部分的正式賽事都在室內舉行，適合室內的籃球，摸起來較為平滑、柔軟，這是為了讓球員有更好的手感，也可以避免手指頭受傷。

降低風阻的球

除了籃球、乒乓球的外表圓滑，仔細看，其他的球表面都有一些特殊的設計，小如彈丸的高爾夫球，遠遠看起來和白色的乒乓球很像，但拿到手上就會發現，高爾夫球的材質和紋路跟乒乓球完全不同，高爾夫球很硬，而且表面充滿小凹洞。不只高爾夫球，網球的表面毛茸茸的，足球和棒球的外層都是由皮革縫製，表面凹凸不平，一點都不能說是「正圓」的球體。

原來，這些設計都是為了降低風阻，可以讓足球、高爾夫球、棒球、網球等飛在空中時能降低空氣阻力，讓球飛得很平穩更遠一點，也讓比賽變得更精采好看。

這個知識在《科學科技篇》有介紹到。

不是圓形的球

那麼其他不是圓形的球，例如橄欖球、羽球，又有什麼祕密呢？

大家最熟悉的羽球，由 16 根羽毛和一個軟木的球頭製成，羽毛的構造可以讓羽球打得更順，而較重的球頭，可以維持重心，在羽球拍打的過程中，永遠維持球頭朝前的方向，讓打球的球員可以更好控制球。

那橄欖球為什麼是橢圓形的？據說早期的橄欖球，是使用晒乾的豬膀胱吹氣製成，看起來就是橢圓形。後來為了區別足球，所以也維持橢圓形的形狀。

不過橄欖球的形狀也是影響比賽精采度的重大因素，請想想看，圓形的球非常好踢、好抓，可是一個橢圓形的球體就沒這麼好控制了，踢了可能會亂飛、抓也抓不住，如此一來更能增加比賽的刺激感，這也難怪為什麼橄欖球員拿到球時要死命的抓著了！

原來橄欖球是抱著玩的！

Q29
射箭靶為什麼使用同心圓?

運氣真差,又是最外圈。

為什麼一定要射中圓心,說不定射中其他地方更難呢!

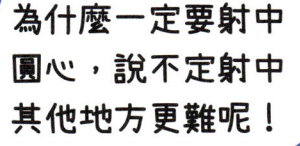

射箭靶畫的是同心圓,計算面積比一比的話,圓心的確是困難許多唷!

越靠近中心，面積越小，得分越高。

奧運項目中的射箭比賽，相較於球類、田徑、游泳等項目，算是較為靜態的項目，或許射箭項目沒有太多刺激感，但是緊張程度卻不亞於任何比賽。因為選手射出箭的那一瞬間，箭會落在靶上的哪個位置，就決定了分數的高低，當選手射中越內圈的環，得分越高，反之，越外圈分數越低。

同心圓的祕密

很多人一定會覺得很奇怪，都是同一個靶，為什麼不同位置的分數不一樣呢？仔細看看箭靶上的圖樣就可以明白了。

射箭比賽使用的靶有五色十環的圖樣，由外往內分別白色、黑色、藍色、紅色和黃色，每一個顏色都有兩個環的範圍，外圈的圓環面積一定比內圈的面積還要大，也就是說，越往內圈的環，面積就越小。

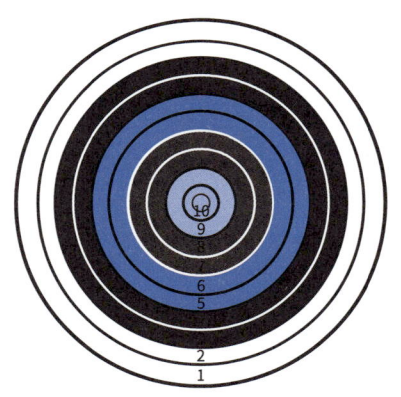

面積越小的圓環對選手來說，當然越難瞄準，所以分數就比較高。射中最內圈的第十環，得分為滿分 10 分，分數由內往外、依照環數遞減，射中第九環就是 9 分⋯⋯若是射中最靠近外圈的第一環則得到 1 分。

在奧運比賽中，射箭項目有分為個人賽和團體賽，不管是哪一種賽

制,選手都必須站在距離箭靶 70 公尺遠的地方射箭,不同賽制,每位選手可以射箭的數量也不一樣。距離這麼遠,應該很難拿高分吧?可別小看這些奧運選手了,他們都受過嚴格訓練,一拉開弓就宛如英雄電影中的神箭手,幾乎都能每一支箭都集中在黃色區域的內圈,如果競賽的兩位選手所有的箭都射在黃色區域內,那該如何決定勝負?

決定勝負的「內十環」

最內圈的黃色區域,還藏著攸關勝負的最大關鍵,可說是「寶藏」等級的得分點,也就是在第十環的中間,還會有一圈稱為「內十環」。當選手們的得分相同時,這時候就會比誰的箭射中內十環的數量較多,就能獲得勝利。

在國際賽事中,箭靶的大小也與射箭的距離相關。若是 30 公尺、50 公尺遠的距離,靶面的直徑約 80 公分;若是 60 公尺、70 公尺及 90 公尺的距離,靶面的直徑約 120 公分,也就是說,射箭選手們要從遠距離嘗試射中大約一張小餐桌桌面大小的靶,是不是超級厲害呢!

不同難度的得分動作

除了射箭，還有很多運動的得分方式也跟難度有關喔！像是格鬥類的「柔道」、「跆拳道」和「角力」，攻擊不同的部位可以得到不同的分數。

例如跆拳道中，攻擊頭部或把對手摔倒，得分比較高，就像打出致命一擊一樣；攻擊身體，得分比較低，就像普通攻擊一樣。

跆拳道有效動作	得分
有效正拳技術擊中軀幹護具	1 分
有效踢擊技術擊中軀幹護具	2 分
有效踢擊技術擊中頭部	3 分
有效轉身踢擊技術擊中軀幹護具	4 分
有效轉身踢擊技術擊中頭部	5 分

用腳踢中頭部得三分。

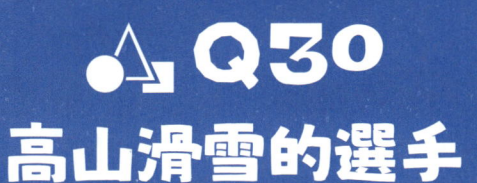

Q30
高山滑雪的選手要怎麼認路？

這些滑雪選手為什麼都要壓旗子。

旗門是高山滑雪選手比賽路徑的標誌，選手滑雪時必須要穿過旗門哦！

那個是旗門啦！

有的運動比賽場地是固定的，有的則是透過設計讓選手挑戰。

大家熟悉的運動比賽，如足球、羽球、田徑、游泳等，都有固定的比賽場地，而場地大小以及相關的設備和標線等都有標準規範。例如羽球場是一個長 13.4 公尺、寬 6.1 公尺的長方形場地，網子頂端距離地面的高度為 1.542 公尺，地上畫著的白色線條分別代表前後發球線、中線等，都要依據標準的數據來畫，才能讓選手們進行一場公平的競爭。

除了這種經過規劃的人工場地，也有運動競賽的是在天然環境下進行的，而這樣的比賽場地還可以依照每次比賽地點的不同，設計不同的路徑或難度，讓選手們進行挑戰，高山滑雪就是其中之一。

高山滑雪的旗門設置

奧運的高山滑雪項目，最讓人印象深刻的就是選手從山上往下滑，並不是直直的衝下山，而是要以最快速度穿越每一道旗門，因此會看到選手左右快速滑動，穿梭在旗門間，直到終點。我們在比賽時常看到選手經過旗門時將旗桿壓倒，這並不是規定動作，而是選手考量著以最短距離通過兩個旗門的路徑，一定會遭遇的狀況。因為旗門的設置有的是並排，有的是前後，再加上一場比賽男女選手依不同的項目，需要穿越 40 至 70 道旗門，而滑雪路徑越少轉彎就越省時間，因此選手常常會以擦旗門桿邊的方式滑行。

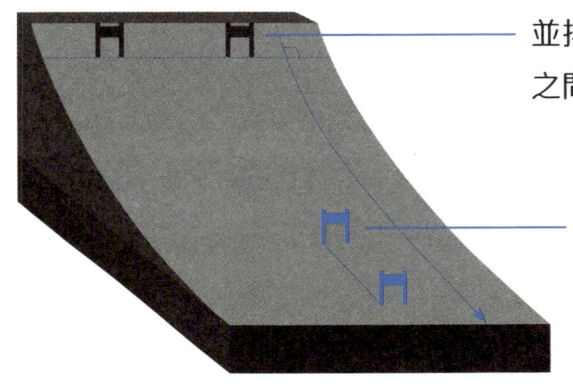

並排的旗門，選手要從兩個旗門之間穿過。

前後設置的旗門，選手藉由轉彎穿越前後旗門。

以最短距離的路徑完成比賽就是贏家

　　高山滑雪分為曲道賽、大曲道、超級大曲道、落山賽和混合式。以曲道和大曲道為例，兩種旗門的設置就很不同。曲道賽的距離比較短，旗門設置非常密集，考驗選手保持低速且穩定的通過每一道旗門，避免犯規；而大曲道坡度更陡，旗門設置讓選手進行更大的轉彎，因此速度會加快，同時也要尋求最短的路徑，因此選手會有更大角度的傾斜進行滑雪。

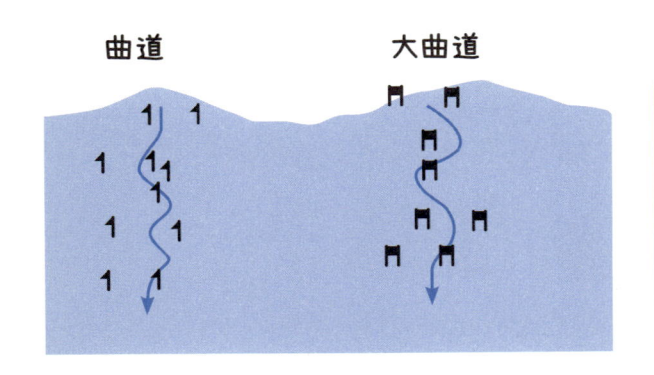

曲道　　　　　大曲道

選手一定要從兩道旗門之間穿過，如果選手漏門，或是從旗門上面壓過，都會被判定失去資格。

設置旗門有學問

旗門的設置除了要考驗選手的滑雪能力和判斷力,最重要的是清楚。一般是以藍色旗幟和紅色旗幟最為明顯,兩者交互設置,能夠讓選手清楚辨識路徑。而旗門並不是簡單的插在雪地上,是在地上打孔鎖住的,靠近地面一段有彈簧,露出雪地的桿子也是有彈性的,當選手撞上旗門時,才不會使選手受傷,也能立即回復原狀。

每次當雪道上的旗門設置完成後,都會有檢測員實地檢查安全性,並實際滑行測試,也會在其他可能會混淆選手滑行的地方設置其他的標示,避免選手滑錯,謹慎確保比賽順利進行。

> 能設計滑雪關卡的人一定也是選手吧!

噹噹噹噹
數學就像解謎遊戲一樣，運動加上數學真是超有趣！
我覺得我的數學突飛猛進！
運動的學問真是不簡單吧！
那我們下一堂課再見嘍！
下課啦！

我的運動筆記

★ 我最喜歡的運動 _____

★ 我最擅長的運動 _____

★ 我最喜歡觀看的運動比賽 _____

★ 我最喜歡的體育選手 _____

_____
_____
_____
_____
_____
_____
_____
_____

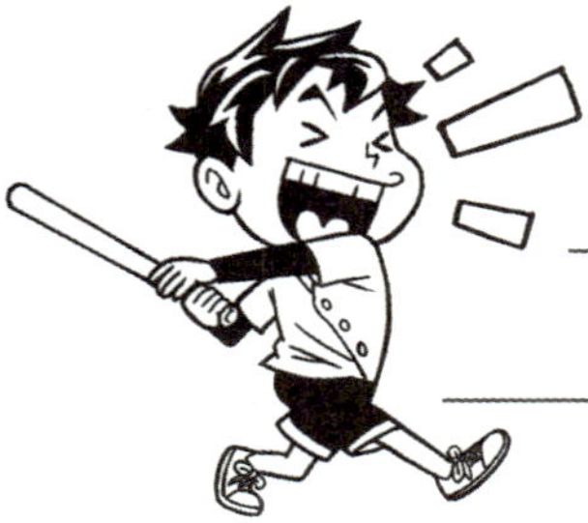
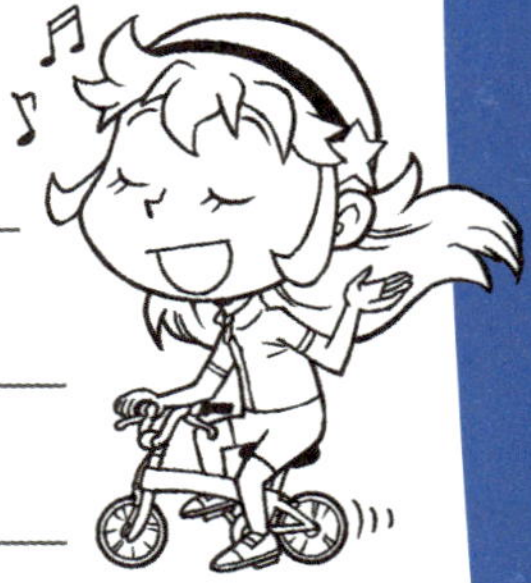

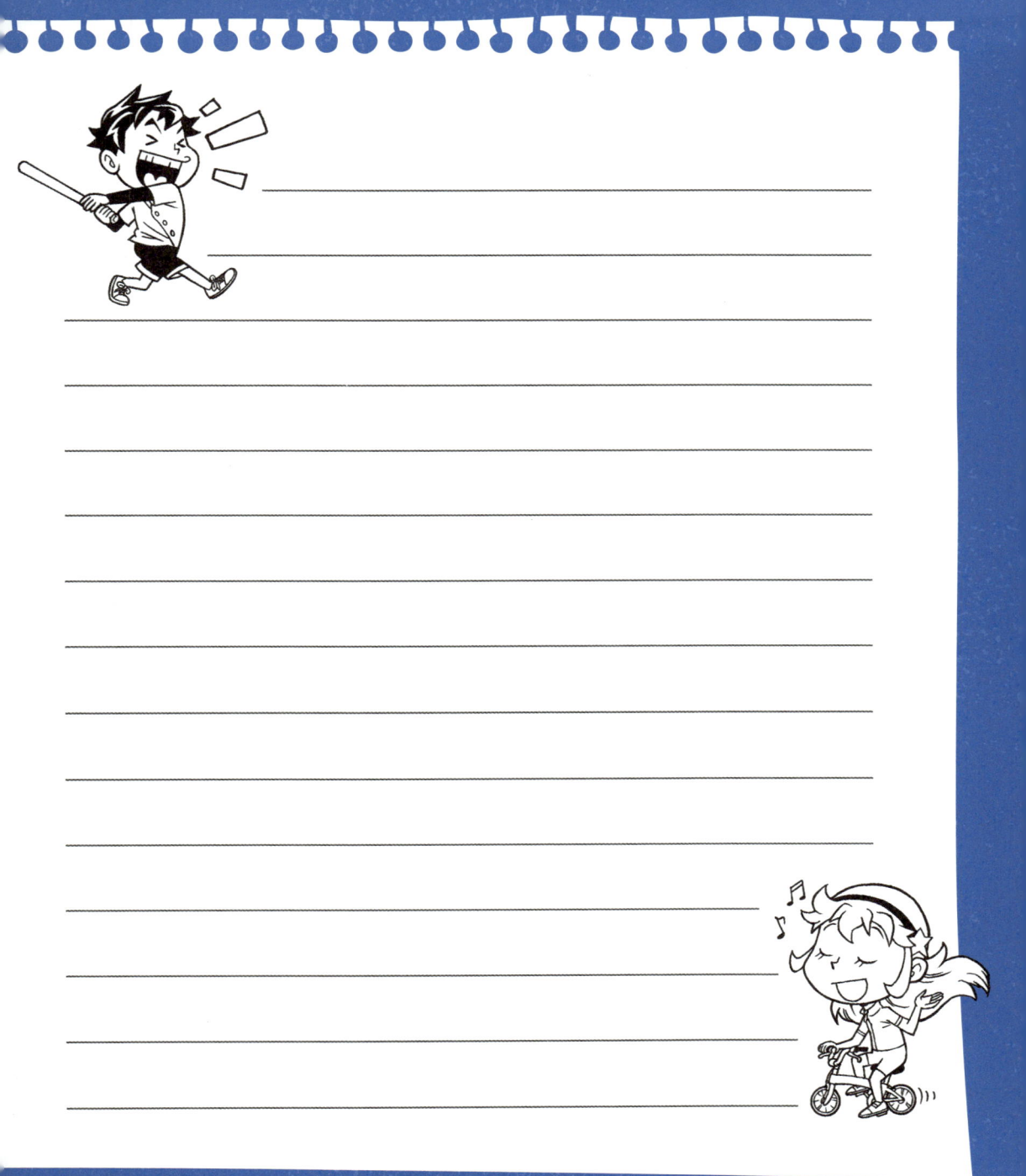

不得了！超有料的體育課
數學篇：運動數字真有趣

企劃、文｜小木馬編輯部
圖｜傅兆祺

總　編　輯｜陳怡璇
副總編輯｜胡儀芬
助理編輯｜俞思塵
題目整理｜小木馬編輯部、涂皓翔
美術設計｜邱芳芸
表格繪製｜邱芳芸
封面設計｜吳孟寰
行銷企劃｜林芳如

出版｜小木馬／遠足文化事業股份有限公司
發行｜遠足文化事業股份有限公司（讀書共和國出版集團）
地址｜231 新北市新店區民權路 108-4 號 8 樓
電話｜02-2218-1417
傳真｜02-8667-1065
Email｜service@bookrep.com.tw
郵撥帳號｜19504465 遠足文化事業股份有限公司
客服專線｜0800-2210-29
法律顧問｜華洋法律事務所　蘇文生律師
印刷｜呈靖彩藝有限公司

2024（民 113）年 8 月初版一刷　　2025（民 114）年 4 月初版二刷
定價 350 元
ISBN｜978-626-98856-5-7
　　　978-626-98856-4-0(EPUB)
　　　978-626-98856-3-3(PDF)

有著作權・翻印必究

特別聲明：有關本書中的言論內容，不代表本公司／出版集團之立場與意見，文責由作者自行承擔。

國家圖書館出版品預行編目 (CIP) 資料

不得了！超有料的體育課. 數學篇：運動數字真有趣 /
小木馬編輯部作. 傅兆祺繪 -- 初版. -- 新北市：小木馬，
遠足文化事業股份有限公司, 民 113.08
128 面；17x21 公分
ISBN 978-626-98856-5-7(平裝)
1.CST: 運動 2.CST: 數學 3.CST: 通俗作品

528.9022　　　　　　　　　　　　113010953